PPP的中国逻辑

蒲坚　孙辉　车耳　张偲◎著

中信出版集团 · CHINACITICPRESS · 北京

图书在版编目（CIP）数据

PPP的中国逻辑 / 蒲坚等著 . -- 北京：中信出版社，2016.7 (2017.3重印)
ISBN 978-7-5086-6360-9

I. ①P… II. ①蒲… III. ①政府投资—合作—社会资本—研究—世界 IV. ①F830.59

中国版本图书馆 CIP 数据核字（2016）第 127095 号

PPP的中国逻辑

著　　者：蒲坚等
策划推广：中信出版社（China CITIC Press）
出版发行：中信出版集团股份有限公司
（北京市朝阳区惠新东街甲 4 号富盛大厦 2 座　邮编　100029）
（CITIC Publishing Group）
承 印 者：北京诚信伟业印刷有限公司

开　　本：880mm×1230mm　1/32　印　　张：7.75　字　　数：143 千字
版　　次：2016 年 7 月第 1 版　印　　次：2017 年 3 月第 3 次印刷
广告经营许可证：京朝工商广字第 8087 号
书　　号：ISBN 978-7-5086-6360-9
定　　价：45.00 元

目 录

导 论 三性耦合、共有制与PPP

第一章 PPP与信托精神

第二章 概念、分类、概述

第三章 国外PPP制度介绍

第四章 PPP与政府投资基金

第五章 PPP与财政体制

第六章 PPP与地方融资

第七章 PPP与监管

导 论

三性耦合、共有制与PPP

中国特色社会主义制度下的PPP

无论哪一种社会形态，在它们所能容纳的全部生产力发挥出来以前，是决不会灭亡的；而新的更高的生产关系，在它的物质存在条件在旧社会的胎胞里成熟以前，是决不会出现的。

——马克思《政治经济学批判》

中西PPP的本质区别

PPP（Public-Private-Partnership，公私合作模式）是时下热门词，但PPP究竟是什么，却众说纷纭：法学研究者认为PPP是法律契约，经济学研究者认为PPP是经济制度，管理学研究者认为PPP是全生命周期的项目管理，社会学研究者认为PPP是不同利益相关者的联合体，等等。实际上，从更高、更广的视角来看，即以辨证历史唯物主义的观点来看，PPP本身是生产力发展到一定阶段所产生的与之相适应的生产关系调整。中国发展PPP这种生产关系调整的底线是不偏离社会主义道路[①]，并由此保障社会成员结成的命运共同体达到共同富裕的状态，实现中华民族伟大复兴。

将PPP置于辩证唯物主义的高度来认知，可以从马克思对生产关系有过“两个决不会”的经典论述说起：“无论哪一种社会形态，在它们所能容纳的全部生产力发挥出来以前，是决不会灭亡的；而新的更高的生产关系，在它的物质存在条件在旧社会的胎胞里成熟以前，是决不会出现的。”[②]这句话的实质是指生产关系一定要适合生产力性质的社会形态发展一般性规律。从实践角度回顾，现代意义上的PPP诞生于老牌资本主义国家、工业革命发源地——英国，而不是发展中国家，这符合生产力学说，即PPP是在生产力发展到相当高的程度才可能出现的。

因此，PPP在中国得到推广，一方面是因为国民经济发展水平提高，另一方面是因为社会成员要求分享改革成果的呼声日益高涨，二者在中国特色社会主义市场经济制度下是对立统一的。其内在机理如下。

第一，生产资料的社会化大生产与生产关系私有制之间的

① 这是中国与资本主义国家发展PPP的根本不同之处。

② 《马克思恩格斯选集》第2卷. 北京：人民出版社，1995：33.

矛盾加剧，社会成员之间早已结成命运共同体，而生产经营决策却集中在小部分资本所有者手中，生产关系为了适应生产力必然要进行社会制度微调。这种必然性正如马克思所说，“人们在自己生活的社会生产中发生一定的、必然的、不以他们的意志为转移的关系，即同他们的物质生产力的一定发展阶段相适应的生产关系”。[①]

第二，马克思曾深刻剖析简单市场经济中的生产和资本主义市场经济中的生产，并结合他所生活的时代指出，简单市场经济中的生产是基于平等的劳资关系，目的是为了交换；而资本主义市场经济中的生产掩盖了劳资双方的不平等，目的就是让资本家获取剩余价值。这一经典分析在当前仍旧适用，可用于区分资本主义国家发展PPP和在中国特色社会主义制度下发展PPP的不同——资本主义国家发展PPP的驱动力源自资本需要不停自我增值的根本逻辑（哪怕是借助公共财政的力量），而中国推行PPP是社会成员作为命运共同体分享改革开放成果、社会主义公平与效率兼顾的历史必然。

臧否西方经济学对PPP的理解

意识形态服务于上层建筑，资本主义经济学必然要为资本

① 《马克思恩格斯选集》第2卷. 北京：人民出版社，1995：32.

主义制度进行辩护。因此，要真正理解中国特色社会主义市场经济制度下PPP的本质，还需站在历史唯物主义的理论高度，用扬弃的立场、发展的眼光进行分析。为了更清晰地阐述我们的主张和理论，我们要对西方主流经济理论和马克思主义经济学的不同之处进行精炼比较。

众所周知，新古典经济学与马克思主义经济学滥觞于古典经济学，前者强调资本主义私有制是一切社会改造的出发点，后者得出了资本主义不可调和的矛盾而最终会被更先进的社会制度所替代的结论。

由于新古典经济学采用公理化范式，在结论的推导上形式严谨，牢牢地占据了大学教科书、学术期刊，以及大众传媒的话语权。然而，西谚有云："真理掌握在少数人手中。"也正如中国的古训"有理不在声高"，新古典经济学主张的正确性值得探讨。在以保护私有产权为意识形态的西方标准经济学教科书中，核心模型是供给与需求的价格均衡问题。如果从纯数学的角度来看，所有均衡解无非是数学上的一个不动点。这种不动点是如何推动人类社会进步的呢？是充满神秘主义的宏观随机冲击？还是不可度量的外生技术进步？PPP作为一种新型的管理方法、组织生产模式因何而出现，在西方经济学看似逻辑严密的数理模型体系中，找不到强有力的解释。

即便是稍微熟悉西方经济学的读者也一定了解这样一个事

实：当代经济学主流理论——新古典经济学，在指导实践方面，并没有其在教科书领域那么成功。

新古典经济学中以罗伯特·索罗为代表学者的新古典增长理论，对当今资本主义发达国家现有的增长机制和增长源泉具有一定的解释力。后来的新古典主义学者在索罗的基础进行了理论上的完善，相继诞生了拉姆齐–卡斯–库普曼斯模型、内生增长理论、收敛假说和检验等学说，索罗本人也因此获得诺贝尔经济学奖。新古典增长理论假设，自诞生至今，不管经济如何发展，人类社会只有一种形态，即没有区分过人类经济社会发展的阶段性特征，这不符合历史事实。这种基于私有产权制度的宏观增长理论，也违背了私有产权制度诞生远远迟于人类社会出现这一历史事实。新古典增长理论也无法解释为什么一些国家可以摆脱“马尔萨斯陷阱”进行工业化革命，而另一些国家依旧贫困；更无法较好地描述同时拥有传统部门与现代部门的发展中国家的经济增长机制。[①]

实际上，自1956年新古典增长理论诞生以来，经历了半个世纪的发展，广袤的非洲大地依旧贫瘠。获得诺贝尔经济学奖的主流经济增长学说，无法很好地解释这个星球上的国家兴衰

① 所谓“马尔萨斯陷阱”是指马尔萨斯提出的两个级数的理论：人口增长是按照几何级数增长的，而生存资料仅仅是按照算术级数增长的，多增加的人口总是要以某种方式被消灭掉，人口不能超出相应的农业发展水平。

之谜，也无法为落后国家或者发展中国家提供明确的发展与赶超政策建议。这也许正如新古典主义集大成者、诺贝尔经济学奖获得者保罗·萨缪尔森在他的名著《经济学》（*Economics*）中所写的："每个人都知道，当一种思想被写进这种书籍中以后，不管它是多么不正确，它几乎会变为不朽的。"早在马克思生活的时代，马克思本人就批评过西方经济学家们"不去揭示事物的内部联系，却傲慢地断言事物从现象上看不是这样的时候，他们自以为这是做出了伟大的发现。事实上，他们夸耀的是他们紧紧抓住了现象，并把它当作最终的东西"。[①]

通过梳理大量文献，我们可以发现，西方经济学对PPP的研究停留在成本——收益分析、项目流程再造、再谈判分析、公共采购法条修正、政府职能转型等方面，缺乏对PPP作为一种新型生产关系出现这一特点的敏锐把握。这种缺乏大历史观的研究方法局限于感性材料，无法得出最深刻的、本质的结论。

马克思主义经济学视角下的中国PPP

资本的逐利性是资本生存的原动力，马克思与亚当·斯密对资本主义制度认识的不同之处在于，马克思主义视角下的资本在时间和空间上具备寻求扩张的本性。在提出人类社会发展

① 马克思恩格斯《资本论》书信集. 北京：人民出版社，1976：282.

形态的科学规律的基础上，马克思提出了众所周知的生产力学说理论，利用生产力和生产关系之间的对立统一，解释了人类社会从古至今的发展形态，解释了不同国家在同一历史时期的制度差异，并发现了剩余价值学说，以资本的逻辑预言资本主义私有制最终将被自身所终结的科学论断。

资本靠剥削和掠夺才能不断积累，而置于PPP架构中的资本，仍旧不会摆脱其逐利本性。有效的PPP制度设计应该是充分利用资本追求效率的优点，牢牢限制资本的嗜血性。资本主义国家将PPP作为提供公共物品的手段，也为资本提供了新的庇护所——公共财政的资金信誉高、风险低、周期长，资本一旦与政府资金融合，实质上是进了“保险箱”，德国等发达国家的PPP项目没有明显成本优势（甚至存在成本劣势）的案例就说明了上述问题。

马克思以更广的视角将人类社会的发展置于所有制的变迁中，而非仅仅以私有制为研究和假设前提，对此，马克思写道：“把两种极不相同的私有制混同起来了。其中一种以生产者自己的劳动为基础，另一种以剥削他人的劳动为基础。它（指古典经济学）忘记了，后者不仅与前者直接对立，而且是在前者的坟墓上成长起来的。”[①]随后，马克思对以私有产权为基础的市场

① 马克思.《资本论》第1卷.北京：人民出版社，2004：876.

经济进行了详细的区分：简单市场经济是“靠自己劳动挣得的私有制，即以各个独立劳动者与其他条件相结合为基础的私有制”[①]；资本主义市场经济私有制则是“以剥削他人但形式上是自由的劳动为基础的私有制”。[②]在科学划分的基础上，马克思发现资本主义市场经济取代简单市场经济是生产力发展到一定阶段，生产关系发生阶段性变化的历史必然。同理，当社会化大生产进一步解放生产力，资本主义市场经济不再是一种先进的生产关系，不再适应生产力发展水平的时候，一定会被更高级的生产关系取代，甚至私有制本身也会被取代，这也是历史发展的必然。

中国的PPP内置于中国特色社会主义市场经济体制之中，从制度设计和生产关系来说，理应较资本主义国家的PPP更先进。但由于我国社会主义制度处于初级阶段，资本主义国家拥有上百年积累，现在我国与发达国家还存在差距。

中国道路与PPP制度供给

1982年，在党的十二大开幕词中，邓小平提出“建设有中国特色的社会主义”，决不能“照搬照抄别国模式”，标志着中

① 马克思.《资本论》第1卷.北京：人民出版社，2004：872.

② 马克思.《资本论》第1卷.北京：人民出版社，2004：873.

国道路的提出。

自1978年起，中国开始从社会主义计划经济体制向社会主义市场经济体制转变，实现了快速的经济增长。根据国家统计局数据，1978~2014年，中国GDP（国内生产总值）从0.365万亿元增长到63.614万亿元。按照购买力平价计算，中国已经成为世界第二大经济体，如果按照现在的趋势发展下去，中国大约会在下一个10年超过美国，成为世界上最大的经济体。

当前可持续发展面临的困局

经济建设的巨大成就不能掩盖中国在其他方面面临的挑战，改革开放的“粗线条”发展成果是以社会分配均衡、自然资源保护、经济结构优化、社会有效治理等方面的缺失为代价获取的。

在社会分配方面，20世纪80年代，中国在亚洲还是收入分配最平等的国家之一。此后，中国经历了社会总收入增加和财富分配不均衡加剧的过程，同时不同社会阶层和群体之间的关系日益紧张。经济上的自由化和部分地方国有企业的改制，导致了下岗问题，省域间、县域间经济发展水平的差距拉大。

在自然资源方面，中国的经济增长模式一直是能源和资源密集型。中国巨大的资源需求在某种程度上加速了世界非再生资源的枯竭，中国近年来消耗铁矿石的全世界占比在50%以上，铝和铜的消耗的全世界占比在25%左右。如果按照目前这一趋势继续下去，到2020年，预计中国将消费大约全世界铝、铜和镍的总消费的40%，铁矿石的70%，这显然也是不可持续的发展模式。另外，北京、郑州等大城市面临着严重的空气污染问题，在广大的农村地区，耕地面积急剧下降，林地、湿地退化严重。中国的粗放式发展让自然环境的承受能力达到了极限，每增加1单位GDP所消耗的不可再生资源是发达国家的数倍。中国若要实现可持续发展，必须在环保、能源方面寻求新的解决方案，而PPP在污水治理、垃圾发电等领域都拥有良好前景。

在经济结构方面，中国经济增长最初主要靠投资和出口拉动，而消费在中国经济产出中的份额却在稳步下降。由于欧美国家经济的衰退，中国不可能再依靠高额投资水平，通过快速的出口增长来拉动经济增长。长期的高强度投资会引起产能过剩、库存周期加长、宏观经济运行的系统性风险累积等问题。经济结构上的风险，又是很难通过货币政策予以抵消的。

在社会治理方面，以中央电视台播出的节目为例，出现了安徽安庆徐纯合事件、四川邻水群体事件。个体诉求上升为暴力群体事件，是国家治理能力落后于社会需求的表现，也是部分社会成员分享改革成果诉求得不到满足的极端表现形式。本质上，社会是人与人之间有机联系的共同体，一个良序社会是包容的命运共同体、利益共同体，也是中国特色社会主义市场经济制度理应孕育的社会。

这些潜在危机和不平等一方面是改革不可避免的成本，另一方面，则是因为符合中国实际情况的理论建设缺失。

不走资本主义老路

伴随中国改革开放以来取得的巨大经济成就而产生的诸多问题，其实是马克思的生产力学说中的典型情况：生产力得到了解放，生产关系应该做出调整。即随着中国经济的长足发展与改革进入深水期，国家治理能力、制度供给面临新的挑战。

在当下中国，就生产关系该如何调整、如何缩小贫富差距、中国该走向何方等战略问题，西方主流经济学界除了提出“中国崩溃论”或者“中等收入陷阱”等缺乏建设性的结论外，似乎就只剩取消或者放松价格管制等市场教条主义观点。如果任由市场自由竞争、追逐利润的原则来支配社会发展，那么原有的社会秩序就会坍塌，社会资本将沦为物质资本的附庸。波兰著名学者卡尔·波兰尼在其名著《大转型》（*The Great Transformation*）中指出：如果任由市场经济按照其自身的规律发展，则市场机制不仅不具备优越性，反而会造成巨大而永久的灾难。

法国经济学家托马斯·皮凯蒂在其影响巨大的《21 世纪资本论》（*Capital in the Twenty-First Century*）中，使用受西方主流经济学认可的严格数学推导方法再次证明了马克思逻辑演绎得出的结论：资本收益率超过经济增长率——资本的存在是为了获取剩余价值，剩余价值通过剥削获得；富裕阶层的财富积累速度在加速——资本主义造成了社会阶层间巨大的贫富鸿沟。

在对待国家崛起的重大问题上，与马克思主义经济学不同，新古典经济学选择性忽略了资本主义国家在资本主义原始积累阶段对内剥削、对外侵略的世界历史。马克思一针见血地指出，西方资本主义国家的资本原始积累的本质是“直接生产者的被剥夺，即以自己劳动为基础的私有制的解体”[①]，上述原理体现在近现代的世界历史中，就是资本主义国家对内由资本家对无产阶级实施剥削；对外发动国家战争机器对五大洲进行掠夺，以完成资本原始积累。在完成了资本原始积累之后，主要资本主义国家以国家意志向世界传播市场经济意识形态，通过市场机制保证自身存量资本在时间和空间上得到修复，使得资本以最快速度和最低成本的形态存在，保证资本在最短时间内获取所能获取的最高利润。这就是世界范围内的贫富差距不但没有因市场化、全球化自由贸易的推广而缩小，反而不断扩大的原因。

英国著名学者大卫·哈维对上述经典论述予以现代阐述：资本主义的本质特征是保证资本在短期内持续获取高额利润，

① 马克思.《资本论》第1卷.北京：人民出版社，2004：873.

但资本要求的高额利润必然导致资本的过度积累，资本过度积累将导致劳动过度盈余和资本过度盈余。保持资本短期内获取高额利润的社会后果是：资本过度积累产生贫富悬殊，劳动过度盈余产生大量失业人口，资本过度盈余产生滞涨。上述情景在当今主要资本主义国家不同程度地上演着。

资本主义国家的崛起，是一部剥削与侵略的历史，正如马克思所说，“资本来到世间，从头到脚，每个毛孔都滴着血和肮脏的东西。资本主义的发展史，就是资本剥削劳动、列强掠夺弱国的历史，这种剥夺的历史是用血和火的文字载入人类编年史的”。稍微熟悉近现代史的人们都知道：资本主义初期通过圈地、殖民等赤裸、暴力、血腥的直接方式进行资本积累，推动经济发展；第一次工业革命之后，资本可以从传统农牧业跨越到工业化大生产，获取前所未有的高额利润，资本主义对内剥削、对外侵略的逐利本性更加彰显，对外侵略分赃不均加剧了资本主义国家之间的矛盾，引发了两次世界大战；第二次世界大战之后，在美国主导的国际秩序下，资本的全球流动性逐年提高，使得资本可以不断逃离平均利润率下降的国家与行业，进入高回报率、短回收周期的新兴市场与产业，与之对应的是跨国公司这类跨主权国家的组织兴起；进入20世纪80年代以后，资本以金融自由化、国际分工体系构建这种更加委婉的形式进行扩张，其中以“华盛顿共识”为代表，殖民掠夺的本质更为隐秘——美国学者诺姆·乔姆斯基在《新自由主义和全球秩序》(*Neoliberalism And Global Order*)一书中指出,"'华盛顿共识'指的是以市场经济为导向的一系列理论,它们由美国政府及其控制的国际经济组织所制定,并由它们通过各种方式予以实施"。"华盛顿共识"本质上就是以强调市场就是"最有效率"的资源配置手段为借口,引导发展中国家政府完全退出经济、社会干预,听任美国政府和国际资本大鳄对本国政治、社会、经济进行摆布。

中华文明是四大文明古国中唯一传承至今的文明,中国拥有五千年历史,其社会、经济、政治、文化发展有自身的特殊规律,不可能也不应该照搬西方国家工业化、现代化、信息化的侵略道路。中国的崛起需要中国学派的实践家和理论家的践行。

PPP践行的中国化

改革开放以来,中国经济持续高速增长,从一个落后的农业化国家一跃成为世界经济引擎,这表明,在现存的资本主义发展路径之外,中国提供了另一种发展道路。

资本主义国家"殖民—扩张—崛起"的发展经验对中国改革发展的参考价值有限,因为这不符合当今世界政治秩序。中国走的是对内发掘土地价值、提倡科学技术是第一生产力,对外和平共处、主张国与国互相平等实现和平崛起的道路。而今,在坚持实事求是、充满制度自信的中国学派探索下，具有中国特色的供给侧改革揭开了新一轮生产关系微调的大幕。

中国重视要素价格的市场化定价，也重视市场机制失灵问题，在要素配置的市场化实践中，强调以市场机制为基础的政府主导模式，经历了家庭联产承包责任制、放权让利、构建社会主义市场经济体制框架、完善社会主义市场经济体制四个阶段，在渐进式改革过程中完善市场机制，逐渐减少政府对经济的行政干预，不仅成功融入了经济全球化，而且成为带动世界经济走出低谷、走向复苏的强大原动力。

我们认为，近期开展的中国供给侧改革和PPP的原理是一致的，即公共物品在概念界定、生产组织、市场定价等方面的供给模式创新。进一步来说，公共物品供给模式创新需要依附在中国特色社会主义市场经济体制的供给制度下，进行市场机制的边际创新与生产关系微调，进一步解放生产力。毛泽东说："人间正道是沧桑。"人间正道，即客观世界规律；沧桑，即客观世界的变化。认清中国国情，才能在中国特色社会主义市场经济体制下充分发展生产力。

公共物品供给模式创新本身是内置于新型城镇化改革之中的。城镇化，究其根本是人的城镇化，农村务农人口职业的转变，生存技能的更新，人力资本的提升。运用马克思主义原理来说，即"批判的武器当然不能代替武器的批判，物质力量只能用物质力量来摧毁”。实践出真知，广大人民群众是掌握生产力的最根本载体，新型城镇化就是让广大农村人口掌握先进的生产力，提升职业技能，改变社会身份，最终通过对人的改造，改进生产关系。

中国改革取得的成功没有走对外扩张的资本主义国家的老路，而是坚持和平崛起的道路，充分利用人口劳动力红利与土地级差地租获取，完成了资本原始积累，发展了生产力，解放了生产关系。

人本理论与PPP

如前所述，整个国民人口素质结构的供给改革、劳动人口职业技能的更新换代，归根到底其最终载体是人。生产力的发展、生产关系的调整也都离不开对人的改造。我们认为，要理解人为何可以掌握先进生产技术，组织生产活动，推动PPP实践，这些都需要从人的本质出发进行研究。

经典人本论

对人类本质的理解和把握，是一个特殊到一般、具体到抽象的过程。人类这种具有主观能动性的客观存在，究竟是以一种什么形态存在于物质世界？用马克思在《德意志意识形态》

（*German Ideology*）中的话来说，“现实的个人”是全部人类历史的前提，“也就是说，这些个人是从事活动的，进行物质生产的，因而是在一定的物质的、不受他们任意支配的界限、前提和条件下活动着的”。[①]

马克思对人类物质性的总结，是对达尔文《物种起源》（*The Origin Species*）中的观点的辨证历史唯物主义表述方式。达尔文以进化论的观点概括了人类个体与外界自然的能量交换，个体存活的有限性和人类全体进化的无限延续性对立统一。

马克思则强调人是绝对的社会存在物，而社会在不同的生产力发展阶段表现为相对的特定社会制度存在，与此对应的是，人的本性处于绝对变化之中，在具体历史和特定环境下体现为相对稳定的属性。这又是对立统一规律的一次精彩运用。马克思本人则将其总结为，“人不是在某一种规定性上再生产自己，而是生产出他的全面性；不是力求停留在已经变成的东西上，而是处在变易的绝对运动之中”[②]，“整个历史也无非是人类本性的不断改变而已”。[③]

马克思指出，人的属性不是“单个人所固有的抽象物”，不是“一种内在的、无声的、把许多个人自然地联系起来的普遍

① 《马克思恩格斯选集》第1卷. 北京：人民出版社，1995：71.

② 《马克思恩格斯全集》第30卷. 北京：人民出版社，1995：480.

③ 《马克思恩格斯选集》第1卷. 北京：人民出版社，1995：172.

性”[①]，而是“经济范畴的人格化，是一定的阶级关系和利益的承担者……不管个人在主观上怎样超脱各种关系，他在社会意义上总是这些社会关系的产物”。[②]这就是人的社会性。

进入20世纪，思想家们对人类本质属性的思考提升到更高层次。以西格蒙德·弗洛伊德［代表作品有《梦的解析》（*The Interpretation of Dreams*）、《自我与本我》（*The Ego and the ID*）］等精神分析学派为代表，从人与自身的角度揭示了人的本质：地球上唯一一种具有自我意识，主动认识客观世界，可以总结和运用各种自然、社会规律的生命体。各种自然、社会规律即知识，这是人的知识性。

三性耦合理论

通读马克思、恩格斯的经典著作，会发现马克思在提出人的社会性时，加上了一个“现实性”作为限定词：“人的本质不是单个人所固有的抽象物，在其现实性上，它是一切社会关系的总和。”[③]也就是说马克思本人并未直接指出人的本质。

我们认为，人类的属性由物质性、社会性和知识性组成。其中，达尔文指出了人与自然关系中的物质性，弗洛伊德提出

① 《马克思恩格斯文集》第1卷. 北京：人民出版社，2009：501.

② 《马克思恩格斯文集》第5卷. 北京：人民出版社，2009：10.

③ 《马克思恩格斯选集》第1卷. 北京：人民出版社，1962：56.

了人与自身的知识性，马克思指出了人与人关系中的社会性。物质性是最底层的基础属性，社会性是居中的现实属性，知识性是最顶层的本质属性。

马克思主张以共产主义制度作为终结私有财产导致人类异化的解决方案，从原理上来说，人类通过知识的获取进而推动生产力发展、改变生产关系、消除异化、达到共同富裕。

人之所以可以利用物质资源进行社会化大生产（生产力），之所以形成各种社会关系（生产关系），其根本原因在于人具有知识性。人的物质性是社会性的载体，人的社会性是知识性的媒介，人的知识性可以改造人的物质性，即所谓“三性耦合”。

如果说经典的马克思主义理论提出的“生产力决定生产关系”范式成功地诠释了人类制度形态演进规律，那么三性耦合理论则为这个范式注入了内生解释力——知识性推动了生产力的发展，生产力发展水平决定了生产关系，生产关系在一定时空内具有稳定性（表现为特定历史时期内的社会制度）和弹性（表现为特定历史时期内的制度创新）。例如，我国的PPP既遵从社会主义市场经济基本制度，也是传统地方政府投融资模式的革新。

我们有幸摆脱了马克思所处的那个年代的生产力和物质条件的局限，因此，可以完成马克思当年提出但没有完成的生产力学说与人本论的逻辑回路。

从物质性上讲，在不考虑社会关系的情况下，人与人之间确实是生而平等的。物质性是人类存在的第一属性，也是人类社会不平等的起源：第一，人作为客观存在，需要与自然界进行交换，这种交换基于占有，占有分为公有和私有；第二，物质性的占有必然体现为排他性，一旦排他性产生，就可能产生分配不均衡的问题；第三，市场经济无法解决分配公平问题，资本主义则加剧了分配不均衡。

就社会性而言，在生产力的不同发展阶段，人与人之间的社会关系从平等走向了不平等，而资本主义的出现以及资本的逻辑则加剧了不平等的状态。其内在机理在马克思的《1844年经济学哲学手稿》（*Economic and Philosophic Manuscripts of 1844*）中有充分的阐述：资本主义社会的劳动过程以及由这种劳动体系所带来的全社会的非人化和反人道的性质，物质对（种属意义上）“人”的奴役，社会关系对（个体意义上）“人”的奴役，即资本家是人格化的资本，工人是人格化的劳动力商品，资本家对工人的奴役，物质（资本）的力量通过社会关系统治了个人意志。

至此，我们可以清楚地发现，仅仅依靠人类的物质性和社会性，是无法打破人类社会发展至今造成的不均衡、不平等困境的。

再看知识性，知识是决定生产力的第一要素，生产力提高一定会改变生产关系。当生产力提高到资本主义生产关系无法适应的时候，资本的逻辑将被终结，人格化的剥削资本将会淡出历史舞台，即知识性将最终使全人类走向共同富裕。当生产力还未突破生产关系的约束，生产关系在一定历史阶段发挥其弹性时，知识的获取可以制约资本的逻辑，削弱资本对劳动者的剥削，即知识性可以限制资本的权力、缓解贫富差距扩大现象。其内在机理是：知识性占有表现为对自然科学、社会科学和思维科学的占有，这类占有不具备排他性，例如，勾股定理作为一种知识，可以通过学习，达到全体社会成员的共同占有、共同分享。知识性还有一个独特之处：个体对知识的占有既不排斥其他个体对知识的占有，也不会因为占有人数增多而导致人均占有量下降，反而会因为知识的共同占有率提高之后，产生出新的知识，推动人类生产力进一步解放。

PPP从组织形式上看，是更多的利益关联方共同参与，共同占有设计、管理、生产等环节的知识，提高了每个参与者的人均知识占有量，有利于新知识的创造。也就是说，PPP不仅是公共物品提供方式的革新，也是人的本性提升。PPP的推广，让更多的个体占有知识，有利于大众摆脱资本主义制度中以物质性排他占有为主的所有制，有利于实现全体社会成员共同富裕的目标。

共有制下的PPP

尽管三性耦合理论是一种强调知识性的人本论，但为了与经典理论区别开来，一直使用“占有”这个概念。“占有”什么，由谁来“占有”，归根结底是在讨论所有制问题。

共有制的提出

2014年6月5日，习近平总书记向国际社会宣布：“中国已经进入全面建成小康社会的决定性阶段。”[①] 2015年2月初，习近平指出：“全面建成小康社会是我们的战略目标。”中国特色社会主义的制度优越性是实现共同富裕，即小康社会是建立在物质文明成果和精神文明成果由全体社会成员共享之上的。中国特色社会主义的所有制应该是符合中国国情、强调同富裕的公有制，我们称之为“共有制”。

共有制是当前环境下，我国所有制改进的方向，它既有别于资本主义市场经济私有制，又区别于经典著作中或者他国实践中的计划经济公有制。这是由我国处于社会主义初级阶段的生产力水平所决定的，共有制和其他多种所有制经济共同发展是历史的必然。

---

① 习近平.弘扬丝路精神 深化中阿合作.人民日报，2014-06-06.

回顾我国改革开放以来探索市场经济的历程，人们原有的生活秩序受到严重冲击，有的人在潮流中自在遨游，有的人却只能载沉载浮，不能自主。从近30年中国改革进程来看，首先是20世纪80年代初期实行的家庭联产承包制解放了生产力，将农村地区大量富余劳动力从耕地劳作中解放出来，进入城镇谋生，成为数亿“民工”。其次是90年代后期国有企业工人从国有企业这个保护壳剥离出来，成为“下岗工人”。最后是进入20世纪后，大量土地、资源被驱入市场，成为工业化和城市化发展的不竭动力，伴随而来的是自然环境受到不同程度的破坏。同时，教育、医疗行业的过度市场化改革，又使得作为人们基本权利的教育权和医疗权受到严重挑战。如果任由市场自由竞争、追逐利润的原则来支配社会发展，那么原有的社会秩序就会坍塌，人（即社会成员）就会沦为物质资本的附庸，物质资本的代言人们就会在社会主义制度中奴役无产阶级。这显然不是改革开放的初衷，也不是中国特色社会主义的本质。

作为中国发展的实践者和理论研究者，我们应该总结中国的实践经验并予以理论性创造，在所有制理论上进行提炼与创新。

应该明确地指出，无论什么形式的私有制，都是“社会的、集体的所有制的对立物”[①]。在社会主义制度建设摸索的道路上，

① 马克思.《资本论》第1卷.北京：人民出版社，2004：872.

我们也曾经犯过机械地将社会主义理解为“大国有”“大公有”的错误。即使不是马克思主义学派，也会对机械的公有制和资本主义私有制提出批评。例如，现代社群主义强调人类社会的内在联系，而在国有企业代表的“公有制”中，实际上大部分人无法直接拥有公共资产。西方自由主义是资本主义私有制的摇篮，但新自由主义也对资本主义私有制割裂人与人之间的联系提出严厉批评。实际上，介于纯粹的私有制和纯粹的公有制之间，还有一种过渡性制度，即共有制。

共有制是当前实现社会主义平等的有效制度供给

马克思主义认为，正义或者不正义都是具体的、历史的，受制于人类物质生产实践活动。也就是说，平等应当作为一种历史的和相对的概念，因此对于正义的平等或者不正义的平等的任何解释都必须纳入人类具体的社会历史实践之中。恩格斯在《反杜林论》（*Anti-Duhring*）中在批判杜林的所谓“完全平等”的道德公理的依据时就指出：“这两个人应当是这样的：他们摆脱了一切现实，摆脱了地球上发生的一切民族的、经济的、政治的和宗教的关系，摆脱了一切性别的和个人的特性，以致留在这两个人身上的除了‘人’这个光秃秃的概念外，再没有别的什么了，于是，他们当然‘完全平等’了。因此，他们成了这位到处搜索和揭发‘降神术’活动的杜林先生所招来的两个十足的幽灵。”

我们认为，平等权利是历史过程性的，即人类非常古老的平等观念演变为不同历史时期的平等要求，其正义与否要看其与当时的社会生产力发展需要是否吻合。恩格斯指出：“在最古老的自然形成的公社中，最多只谈得上公社成员之间的平等权利，妇女、奴隶和外地人自然不在此列。”而当社会日益发展，成为资产阶级社会的时候，大规模的贸易，尤其是世界贸易，要求有自由的、在行动上不受限制的商品所有者，他们作为商品所有者是有平等权利的，他们也要求根据平等的权利来进行商品交换。反观资本主义国家的政治学者、伦理学者们，（有意或者无意的）错误地将商品的平等交换权总结为“人权”，西方经济学家们则追随杰里米·边沁、约翰·穆勒等功利主义哲学家的路径，将商品平等交换权语境下的“平等”模型化，引发了19世纪末著名的边际革命，为现代西方经济学奠定了数理根基。资本主义的平等的实质是，它只代表了资产阶级利益的平等，在表面的平等正义的旗号下，掩盖无产阶级与资产阶级在社会、经济领域中存在的真实的不平等。

在资本主义思想家们的语境下，平等的出发点在于保护私有财产权，以此来追求一种永恒的正义，这显然陷入了将平等观念说成永恒的真理的谬误，其目的无非是为资本主义的不平等私有制提供道德辩护。对此，马克思主义指出：“平等的观念，无论以资产阶级的形式出现，还是以无产阶级的形式出现，本身都是一种历史的产物。这一观念的形成，需要一定的历史条件，而这种历史条件本身又以长期的以往的历史为前提。所以，这样的平等观念说它是什么都行，就不能说是永恒的真理。”①

共有制是当前提升国家治理能力的有力制度保障

一个强大的国家不可能建立在经济落后和社会无序的基础上。因此，在重视解放生产力的同时，也要一并提升国家治理能力。党的十八届三中全会就提出，当前全面深化改革的总目标是“推进国家治理体系和治理能力现代化”。

中国作为一个拥有5000年历史的大国，国家治理应有其自身的规律和特点，不能一味照搬西方经验。我国的公有制存在着“一管就死、一放就乱”的痼疾，经济秩序和经济活力似乎总处于水火不容的状态。一个良好的所有制，一定是在保障社会有序的同时，还要激发社会的活力。以水的三种形态做比喻：当它是冰时是最有秩序的，但最没有活力；当它是蒸汽时是最有活力的，但没有秩序。共有制就像水一样，在公有制和私有制之间体现出强烈的平衡感，是国家治理能力的强力保障。

共有制克服了私有制物质奴役人的缺陷，也克服了公有制

① 《马克思恩格斯选集》第3卷. 北京：人民出版社，1995：448.

剥夺了个体直接占有生产资料的缺陷。

更为重要的是，作为一种先进的生产关系，共有制与混合所有制也存在本质区别：混合所有制中的各种经济成分是不同质的，而共有制中每种经济成分在量上可能存在差异，但是在质上是一致的，即共有制中的不同经济成分在法律意义上是平等的。如果上述表述抽象的话，那么现实中中国特色社会主义市场经济体制中的公私合作制，就是共有制中的经济成分属性相同的具体表现形式。

共有制实现形式：PPP

李克强总理指出，除了生产工具出现革命性变化之外，生产方式和组织模式创新一样可以促进生产力提高。[①] PPP是公共财政与社会资本的创造性结合，是共有制在当下中国的具体表现形式，是公权与资本的创新组织模式。以往的财政、货币工具较多地关注经济领域，对社会治理、国家治理重视程度不够，所有制本身可以发挥维护社会秩序和激发社会活力的双重作用。

① 李克强. 催生新动能 实现发展升级. 求是，2015（20）：3–6.

回到基础概念

社会资本这一概念由法国社会学家皮埃尔·布尔迪厄提出，此后有影响力的重要学者如詹姆斯·科尔曼、罗伯特·帕特南等，从不同角度对这一概念进行了界定。在发达资本主义国家的语境下，社会资本的概念可以概括为：从量上看，有形社会资本是个人和群体为实现自己的目标所能依凭和运用的社会性资源总和；从质上看，包容不同利益诉求的个人和群体形成的互惠、分工、合作等制度，是无形社会资本。社会资本的数量和质量总和是一个国家的主要综合实力组成部分，无形社会资本直接等同于国家软实力。

在中国，社会资本实际上是一个新鲜的概念，以至于中央政府在推广本轮PPP之初，学者、地方政府、金融机构、媒体等各方纷纷对“社会资本”进行解读，财政部为此专门出台文件定义何为中国语境下的社会资本。

实际上，抛开操作层面的各种社会资本界定，我们可以从中国特色社会主义市场经济的本质这一角度去理解社会资本。中国特色社会主义市场经济的本质是：共同的命运体联合起来，在包容性多种所有制下，追求共同的利益，达到共同的富裕。在这种视角下，社会资本有着更加丰富的内涵和外延：非隶属于本级政府的公有制、集体制资金依旧属于社会资本（财政部定义），外国政府主权投资基金、国外私营资本对本国而言也可以算社会资本。而PPP则作为一种契约性（型）治理结构，整合各种诉求，发挥各自优势，克服政府与市场各自特有的缺陷。

PPP的政治经济学视角解读

一般来说，对PPP的认识要么基于法律角度，要么基于财务角度。从法律角度出发，PPP各个利益相关方追求的是回报的稳定，风险的合理分担，整合的是不同利益诉求的契约。从财务角度看，PPP融资以社会资本为主，政府主要解决融资难、融资成本高的问题，社会参与者主要面临的是提升设计、建造、运营效率问题，PPP将传统的资产负债表融资模式转变为以现金流融资为主的模式。这些观点是存在合理性的。

实质上，PPP的上述法律和财务特征，与资本主义的金融不稳定性、收入再分配以资本为权重、一味追求高额资本利润率的逻辑是相背离的，即PPP的本质与资本的本质大相径庭。从政治经济学的角度来看，PPP在市场运行机制中，要将资本置于商业契约之中，本身就是一种生产关系的改进，准确地说，PPP引入公权力以对资本权力进行限制，是共有制的具体表现形式。共有制语境下的中国特色PPP，是改革不偏离社会主义道路的保障。

马克思指出资本主义社会化再生产的内在本质，“就是剩余价值的生产，就是剩余劳动的吮吸”。[①]资本的逻辑是在时间和空间上扩张，不仅会占据整个经济领域，还会延伸到社会生活中，正如马克思所说，“只有当雇佣劳动成为商品生产的基础时，商品生产才会强加于整个社会；但也只有这时，它才能发挥自己的全部潜力”。[②]置于市场之中的资本具有强大的能量，马克思生动地描述为，“资产阶级在它的不到100年的阶级统治中所创造的生产力，比过去一切世代创造的全部生产力还要多，还要大。”[③]PPP通过市场手段对资本进行了干预和改造，达到了社会成员共享社会成果的目的。

PPP的执行者：中国特色社会主义企业家

资本主义交换价值而非使用价值主导了社会财富再分配，因此也打破了社会成员之间命运共同体的联系。难怪马克思发出感叹：“‘直接的’价值规律在资产阶级社会中的作用是多么的小。”[④]在价值规律受到资本压制的情况下，社会劳动成果难以按投入要素的比例分配，社会成员难以共享劳动果实，生产资料比例失调，资本主义通过市场价格出清危机的表象，通过对劳

① 马克思.《资本论》第1卷. 北京：人民出版社，2004：307.

② 马克思.《资本论》第1卷. 北京：人民出版社，2004：677.

③ 《马克思恩格斯选集》第1卷. 北京：人民出版社，1995：277.

④ 马克思恩格斯《资本论》书信集. 北京：人民出版社，1976：250.

动者再次剥削以重新获取脆弱的平衡。2008年美国次贷危机发生后，华尔街金融机构大量裁员，但资本代言人的高管们仍旧领取了巨额分红，引发道德争论，这就是一个鲜明的案例。

在资本主义条件下，生产资料全部由资本家占有，且生产经营也是由服从资本逻辑的资本家代言人们所决定，其必然结果就是社会产品归资本家所有、支配。

PPP架构中蕴含了公有制的经济成分和私有制的资本成分，并通过法律契约进行杂合。但是，仅仅凭借公有制的经济成分符合生产社会性与生产资料公共占有的基本经济规律，还是难以对资本主义私有制中资本家私人占有社会产品进行制衡。这是因为在公私两种力量的现实均衡博弈中，PPP架构中还存在着另一个重要的角色：公共财政与私营资本的共同管理者，即中国特色社会主义企业家。

中国特色社会主义企业家不是以利润最大化为导向的资本家或者资本代言人，也不是以权力最大化为导向的官僚体制衍生物。具体来说，在PPP中，中国特色社会主义企业家要将PPP联合体中公共投入部分的价值规律发掘出来，限制社会资本（私营资本）内在的逐利本性，保证中国特色社会主义制度下的PPP为最广大社会成员的根本利益服务。

在我国，社会成员对知识占有量的个体差异极大，甚至远大于社会成员对物质财富占有的差异。在这种情况下，不同的人对同一客观事物有着完全不同的价值判断，例如，一个极具社会效益和投资价值的公共物品PPP项目，可能在缺乏投资知识的普通公众眼中毫无意义，同样可能对市场化体系下的职业经理人缺乏吸引力。由于决策机制的分散性和决策质量的低下性，社会共同决策的博弈结果一定达不到最优化的社会共同目标，上述经济上可行、社会收益良好的公共物品自然也就无法提供了。中国特色社会主义企业家在PPP的制度供给下，可以解决这个问题。

第一，中国特色社会主义企业家在知识的占有量上与市场中的为资本服务的职业经理人不相上下，这就为PPP的决策质量提高提供了知识性保障；第二，中国特色社会主义企业家代表了广大劳动者的根本利益，本身也是掌握先进生产力的劳动者；第三，中国特色社会主义企业家是整合各种所有制到PPP架构中的执行者，是新型生产关系奠基的排头兵。

结束本章之前，我们想再次重温马克思、恩格斯在《共产党宣言》(*The Communist Manifesto*)中对“联合体”的论述：“在那里，每个人的自由发展是一切人的自由发展的条件。”PPP就是“联合体”的具体实现形式，促进每一个人在物质性、社会性和知识性三性耦合层面上的全面、自由、和谐之发展。

第一章

PPP与信托精神

从特许权的历史演变看PPP

社会上越来越热的PPP在西方国家指的是公私合伙制或者公私合作伙伴关系，在我国则被定义为“政府与社会资本合作”。虽然PPP这个称谓流行于英语世界，但是它并非许多人想的那样起源于20世纪80年代撒切尔时代的英国，也不是盎格鲁—撒克逊人的专利，至少在法国，有文字记载的合作实例已经有超过400年的历史了。

特许权的出现

在PPP这一称谓没有流行之前，这种政府和社会资本合作关系的主要表现形式叫作特许权，而在特许权之前，法国称之为包税制。它是一种长期合约，合约规定将土地开发权授予承包者，后者代行王事——在王权时代代替政府管理经营。承包租金可能事前约定，甚至可能事先支付而不用等到收割季节。这样一来，对国王的好处是，他不仅可以预收租金并提前挪作他用，还将天灾人祸等风险转嫁给了他人，进而从这种事务性的日常工作中脱身出来，以便集中精力处理更重要的国计民生问题。

从政府层面上来说，法国是特许权发展历史最早、形式最多样化的国家，可以追溯到亨利四世时代的1598年。当时的苏利公爵将5块王室土地改成1块经营，同时将集合的大块土地征税权出让给承包者，这次规模大、想象力丰富的出让被以后的学者称为特许权的雏形。之后，法国式特许经营制度逐步成型，出现了众多包税人—承包者，最终形成总包税人—总承包者和总包税制。以后，这种制度进行了多次重组，先是在1680年财政大臣科尔贝尔时代，之后在18世纪改组4次，最终在1726~1790年成为一种专门征税、间接支付给王权的私有金融机构，被授予特许权的征税者则被称为总包税人。这个机构在1790年被国有化，总特许人制度被撤销，包税制逐渐成为历史。

但是随后衍生出的特许权制度，在法国却被以各种方式延续下来，直至今日，而且发展得很好。

现在无论在法国还是其他西方国家，特许权经营都是一种常见的商业模式。不过要区分政府特许权和商业特许权。商业特许权也是一种权利、义务、利益和风险的让渡，这一点和政府特许权是相同的，不同之处在于商业特许权是私营机构和私营机构之间的合作，就像现在常说的B2B（企业对企业）一样，而只有政府授予的特许权才能被称为PPP。

比如麦当劳和肯德基都是商业特许权的典型例证，都是一种商标或者公司名称的使用或者让渡；比如遍地开花的各种汽车经销商，就是特许经营者或者说特许权享有者。在中国，近几年来商业特许权的典型例子就是全聚德烤鸭，各地的店铺都采用相同的管理模式，采用相同的操作流程，烤鸭也是相同的口味。所以这种特许的授予者可以是政府，也可以不是政府。

即便在政府层面上，中国历史上也不乏PPP之例，比如晚清时的官督民办就是政府和民间资本合作的范例，至今也有100多年了。所以说，PPP这种公私合作形式由来已久，并非英国人的专利。

双面刃的特征

几百年前法国早期的特许权形式——包税制，和土地有关，和庄园有关，和收成有关，所以它们最初的名称都带有土地出租和庄园式管理的色彩。但是到了后来，这种制度发展到了其他领域，特许行业包纳了间接税、人头税、什一税和二十分之一税，大的税种还有盐税、烟草税等。科尔贝尔时代法国重商主义盛行，为了减少特许者人数、增加上缴数额、提高效率，科尔贝尔还组建了总包税人机构。

对政府而言，这种早期特许经营的好处是不言而喻的。因为政府可以预估自己的收入，从而衡量支出，还把经营风险转移出去，正如现在常说的资产负债表，采取特许经营后表上的收入都是稳定的现金流。此外，当时的王室控制力有限，无暇顾及所有领地，如果没有包税人帮助，有些钱可能根本就收不上来。

对私人而言，特许经营的好处也是显而易见的。因为他们代行王事，为政府做事，所以具有权威性，可以借此收取佣金，侵吞国王和领主的权益而不受质疑。更重要的是他们可以提高价格，发现甚至创造更多的税收财路，并严防逃税以便最大限度地榨取自己辖区的财富。

法国历史上这种政府与社会资本合作的方式曾经是一种非常赚钱的模式。当时那些被授予总包税人资格的人，也就是特许经营者，在18世纪的法国多达90人，后缩减为40余人，其中最引人注目的是安托万·拉瓦锡，他是著名化学家，还发明了蒸汽机。

这些人都以其垄断地位敛取了海量收入，也被形容成贪得无厌的高利贷者、嗜血成性的吸血鬼，进而引发各地民众不满。而总包税人制被认为是旧时代典型的国家机制，在轰轰烈烈的法国大革命期间受到严重抨击。经过多年质疑后，1791年3月

21日，总包税人制度被废除。又过了几年，40位总包税人中的28位在1794年5月8日这一天被送上断头台，包括拉瓦锡。总包税人连同其制度一起被历史尘封，但是特许经营以更多样化的方式继续存在。

在史学界，甚至有一种观点认为这种特殊的总包税人制度引发了法国大革命，葬送了旧制度。可见，早期政府特许经营制度既促进了社会的发展，又带有“苛政猛于虎”的色彩，起着“水能载舟，亦能覆舟”的双重作用。

公权力的作用

与英国人和盎格鲁—撒克逊国家的发展模式不同，法国人开创了包税人制度，却从未在PPP法律相关领域做多少工作，也不像英国人那样制订多部有关公私合营的立法，却以其悠久、形式多样的特许经营传统传世。法国大革命以后，这个国家在政府和私营资本合作方面一直遵循着公共利益高于私人利益，公共实体高于私人伙伴，特许合同必须符合公法和国家相关规定的一般原则。

事实上，从英国撒切尔时代开始，英国人主要奉行经济私有化政策，而法国在左翼总统密特朗之后一直企图在私有化和国有化之间寻求平衡。所以说英国和盎格鲁—撒克逊国家在这一点上更多遵循市场准则，而法国则更多强调国家的作用。当然，法国20世纪80年代后的政策一直在私有化和国有化之间摇摆，左翼上台后就将一些关乎国计民生的企业收归国有，右翼卷土重来后就实施私有化政策，这种左右摇摆的政策导致经济长期停滞不前，投资意愿不足，社会创新动力不高。之后在右翼总统希拉克时代也是这样，尽管在他10年统治时期法国PPP类项目发展很快，也有很强的赢利能力。

就PPP这种合作模式来说，私营企业有其利器，就是可以在政府想不到的地方赚钱，在政府力所不能及之处赚钱，还要更便捷地比政府赚更多的钱。但政府也有利器，养肥的猪可以宰掉，因为即使猪圈不是自己的，猪圈周边环境也归自己管辖。尽管政府不是万能的，国家却有无限征税的权力和随时根据需要改变规则的权力。在双方合作关系中，国家拥有的一个重要的公权力就是国有化，国会也可以为此修改法律，这是每个主权国家都拥有的权力。

但是这一权力的滥用会导致市场无序、政府信用度降低、外资和本国资本缺乏投资意愿，进而导致经济增长乏力。所以政府在动用这个无人能及的权力时也要事先评估其双重效果。我们已经看到，希腊左翼政府2015年2月上台后拒绝履行上届政府签署并承诺过的紧缩政策，还企图搁置私有化进程，进而引发世界性恐慌。希腊皮拉鲁斯港口就是通过PPP由中国大型国企中远集团赢得了几十年特许经营权，希腊政府出尔反尔的行为当然会引发中国政府和企业的高度关注，这也会严重影响希腊的国家信用，使得这个国家长期缺乏国际资金支持，随后还可能陷入国家破产的窘境。

从表面上看，PPP说的是合作，其实是一种让渡：法律关系层面的让渡、风险转移层面的让渡以及利润获取方式上的让渡。它是强势政府变成弱势政府（需要PPP，并和其一起成长壮大），再可能变成强势政府的一种过程。对社会资本说来，这是一种以长期投资换取可观回报的过程。所以它应该是一种双赢。

从婚礼和婚姻之辨看PPP

业内有人形象地将PPP这种政府与社会资本合作的模式比喻成一种婚姻，而不仅仅是一场婚礼。这个巧妙的比喻生动形象，意味深长。因为婚礼和婚姻虽然指的是同一对合作的主体，但两者追求的层次和内涵却很不相同。有人注重形式，有人注重内容；有人急功近利，有人关心长效机制。一些好大喜功的地方政府常常偏好“婚礼”，一场引人注目、显示政绩的婚礼，而社会资本要的则是一种实实在在的“婚姻”，而且是稳定和谐、不闹矛盾、不会因纠纷导致分手的长期婚姻。

婚姻之前的界定

和婚姻一样，PPP是一种契约。西方人习惯签署婚前协议，在双方正式结婚前将婚姻存续期双方的财产、义务和责任一一界定。

这与政府和社会资本在某个项目上的合作很相似。政府给出的项目条件越差，不确定因素越多，社会资本要求的回报就越高，因为社会资本承担了更多的风险，这就是风险溢价。这些条件需要在合同中予以体现，需要律师和会计师的审核，在经过多次尽职调查和论证后形成完整的、全面的协议，双方签字后就得严格执行，即便之后情况发生了变化。

和婚姻一样，PPP也是一种责任，这种责任不仅包括对合作方的承诺，也包括对双方连带关系的承诺。在PPP项目的合作中，社会资本对以往债务处置、人员安排都应该给予承诺，而不能挑三拣四。举一个现实生活中的例子，比如买菜，社会资本在PPP合作中买的不是菜，而是整个摊位，甚至整个菜市场以及其所有的管理者，好的位置、不好的位置和人事关系在合作关系确立之后都应该做出合理的安排。

换句话说，在PPP合作中双方还应尽到社会责任，这可能是最重要的方面，也可能是这种合作中最具挑战性的一面，无论哪一方都不应回避。

婚姻期间的包容

和婚姻一样，PPP意味着一种包容。每对夫妻在婚姻存续期间都难免发生争执，联姻双方不犯错误也是不可能的。PPP项目也是如此，虽然双方签署了婚前协议，但再厚的契约也不能包含所有方面，即便约定足够全面，双方也可以根据情况各自做出不同的解释，得出不同的结论，因此出现争执。

一个实实在在的婚姻和一场盛大煽情的婚礼不同，婚礼就像其他任何仪式，都是过眼烟云，很快被淡忘，而真正过日子需要耐心和包容。

此外，时间在变化，情况也在变化，人们无法预计10年后甚至30年后会发生什么。PPP合同有效期为几年、几十年，在初始阶段会做很多预期、估算和有待落实的条款，之后真正发生的收支可能和之前的预期差别很大。就像几百年前法国包税制一样，即便上缴的收入可以固定，实际收费也难以预估。在合同推进时，双方还常常遇到定价问题，收费少了无法保证投资方的利润，甚至无法保证成本，收费多了则会引发社会不满。所以初始的收费机制设计难以固化，只能是一个预期。此外像污水处理等环保项目也难以确定标准，人们对清洁或者不清洁没有统一的衡量尺度。

所以PPP项目条款必然会留下解释和再协商的余地，这时需要的是理智和包容。也就是说，契约难以约束的地方需要另一种约束，这就是道德规范。

婚姻结束的安排

那么在婚姻结束后，政府和社会资本合作的PPP项目会留下一个什么样的遗产？是一个富足、绿色环保的区域，还是一个满目疮痍的区域？就像法国国王路易十五说的那样，“我死后哪怕洪水滔天”！

中信集团两个类PPP项目或许能提供一些经验。中信泰富在与上海市政府签署协议后开工建设，在上海浦西和浦东之间架设三座横跨黄浦江的大桥、并打通两条过江隧道，令天堑变通途。在“三桥两隧道”建成之前，浦东一直是荒蛮之地、有待开垦的处女地，上海人不愿意去浦东，当地有“宁要浦西一张床，不要浦东一间房”之说。在“三桥两隧道”开通之后，浦东成为开发区建设的榜样，越来越欣欣向荣，地产价格也水涨船高。

另一个例子发生于北京。2008年北京奥运会举办前，北京市政府和中信建设签署协议共建北京的标志性建筑——鸟巢（国家体育场）。建成后的鸟巢不仅是北京市民观看体育比赛和举办大型晚会的场所，还成为一种象征。鸟巢在奥运会后成为一个景观，各地游客纷纷来此一游，目睹其风采，门票成为北京市政府预期之外的收入。

不过，上海的“三桥两隧道”建成几年之后被上海市国有化，北京的鸟巢几年后也被北京市国有化，在这种强势政府的情况下，社会资本讨价还价的余地是有限的，基本上是配合地方工作，执行国家规定。但是，当地政府对这两个项目都给予了相应的补偿。这说明了几个问题，首先，正如之前所说的政府从强势到弱势再到强势的过程，在地方政府或者国家强权的情况下，社会资本还价的资本弱于政府。其次，政府在做出类似决定之前一定要审核自己的财务状况，因为收归国有得付出巨大的财务代价，只有财力雄厚、税收丰盈的地方政府才能做出类似的决定。最后，收归国有的决定还要考虑到政治影响，一旦出现差错可能导致政府失去信誉，失去影响力，失去未来发展的动力。

违约的成本

婚礼可以装点和粉饰，但是婚姻要求真实相处。PPP项目就是如此，它不是婚礼，而是婚姻，而且最好是银婚、金婚甚至钻石婚，需要经受得住时间和历史的检验。

改革开放后，中国政府在国际上一直享有很高的财务声誉，遵守承诺，按时偿还贷款，地方政府涉及外债时也是如此，广受赞誉，被称作世界银行的好学生。

但是如果涉及对内债务，一些地方政府对待商业合同则太过轻率，引入资本前和引入资本后截然不同，之前草率承诺，之后随意违约。加之政府几年换届一次，前任大量借款，后任找借口拖欠，认为不是自己的责任。它们只看重形式，不看重内容；只关心引入，不关心维护；只知道钱重要，不知道信誉更重要。实际上，失信影响的不只是一届政府，而是外界对整个地区的长期评价。

法国一家国家信用评估机构科法斯，对全球各个国家进行长期跟踪研究，最后量化到违约分数，而国有化就是其中一项重要指标。许多国际投资人购买它们的报告，认真听取从它们的建议，之后得出结论，不能在哪些国家投资，因为它们动不动就搞国有化。这就是代价。拉丁美洲一些国家为什么长期发展迟缓，为什么拥有丰富石油资源的委内瑞拉始终得不到国际资本的青睐？原因正在于此，杀鸡取卵的国家和政府虽然可以在短期内获得利益，但在之后相当长的时期内要付出巨大代价。

中国目前虽然没有专门对地方政府进行违约评级的机构，但是不少金融机构已经开始研究交易对手的信用评估，将其视为尽职调查的一项重要组成部分。大家在做项目时也对容易违约的领域和容易违约的地区格外注意，大家心里都有一张图，图上哪些地区可以大力开展业务，那些地区要谨慎行事，哪些地区不能涉足。

婚礼是美好的，婚姻却是现实的；承诺是容易的，遵守诺言则需要勇气和道德约束。合同并不仅仅停留于纸面，其包含着契约精神，暗示着交易双方的信誉度。PPP或许是解决地方债务的一种行之有效的方式，但只有做好长期婚姻的准备、信誉良好的地方政府才能成功。

从信托特征看PPP

有人形象地总结了4种使用资金的效率：一是拿自己的钱办自己的事，二是拿别人的钱办自己的事，三是拿自己的钱办别人的事，四是拿别人的钱办别人的事。投资做项目无非这几种方式，以常理推断，显然第一种效率最高，第四种效率最低。道理很简单，花自己的钱心疼，办自己的事尽心。

那么，如何解决花别人钱不心疼、办别人事不尽心的问题？这不仅仅是办事方法的问题，也不仅仅是信誉的问题，仅仅依靠道德解决不了所有问题，像诸葛亮那样自白帝城托孤、继承蜀国遗产后能终生信守承诺，“鞠躬尽瘁，死而后已”的例子毕竟不多。在道德约束的基础上，我们需要的是社会制度建设和法制建设，就这个问题来说，信托模式提供了一种解决方案，因为其具有与众不同的几点固有特征：独立性原则、闭锁效应、责任有限和信托关系的连续性。而这些特征大部分符合

PPP的合作形式。

从信托财产的权益重构看PPP

大陆法赋予我们的是“一物一权”理念，一物不能同时拥有两个所有者。也就是说，一物是甲的就不能是乙的，反之亦然。投资协议或者财产转移合同一旦签署，财产一旦从甲方转移到乙方，甲方就失去了所有权和使用权，也失去了置喙权，乙方则拥有绝对的所有权。

与大陆法理念不同，在衡平法中，信托意义上的契约一旦成立，委托人转移给受托人的财产就成为信托财产，于是有了委托人、受托人和受益人。信托财产上的权利性质极为特殊，因为它涉及的不是两方，而是三方甚至多重关系，其结构更为复杂和独特，表现为“权益的分离与重构”，就是既有分离又有新的解构。形象地说，这种关系就是委托人无权无益（除非他自己也是受益人），受托人有权无益（除非合同约定他为此收取管理费），受益人有益无权（除非另有约定）。

在重新解构的信托三方关系中，首先，财产初始所有人，也就是委托人，在指定受益人后仍然保持对财产的监视权和置喙权，尤其是在受托人违反协议的时候；其次，受托人可以像真正的所有权人一样，管理和处置信托财产，所有其他交易对手也都以受托人为信托财产的权利主体和法律行为的当事人；

最后，受益人按照信托约定尽享财产带来的收益，尽管他并没有财产的所有权和处置权，但可以是个被动的受益者。

比如一个污水处理厂由委托人（政府）转移给了受托人（社会资本）管理后，受益人（当地居民）会享受一个更为清洁的环境。

与大陆法对财产的处置权不同，在信托关系中，受托人只能向好的也就是对受益人有利的方向去占有和处置财产，而不能随心所欲地损坏它，比如他只能将受托的污水处理厂管理得更好，更符合受益人需要，还不能将管理财产所生的利益用于自己享受。总之，如果受托的是现金，受托人既不能享有委托人的本金，也不能拿走本金带来的收益，除非事先约定好可以收取管理费。

我们可以总结为：信托为他人的利益占有财产，为他人的利益管理财产，为他人的利益处置财产。所有权与收益权分离、信托财产权利主体与利益主体相分离，正是信托区别于一般意义上财产管理制度的根本特质，也是信托制度备受青睐，在世界各国获得普遍认同的原因。

从信托财产的独立性看PPP

我们还是以污水处理厂为例。PPP信托设立之后，这份财产即从政府自有财产中分离出来，成为一项专人经营、独立运作的财产，信托财产就像空中楼阁一样被置于一个特殊的位置，仅服从于事先约定的信托目的，而不完全属于任何人。

从政府角度来看，一旦将财产交付信托或者信托公司，政府即丧失其对该财产的主张权利，对外说来他已经不是财产的所有者了，除非信托文件另有约定；而从信托公司也就是受托人的角度来看，他虽然取得信托财产，但这种权利仅仅是名义上的权利，因为他并不能享受行使这个权利所带来的利益——这就是法律意义上的信托利益，因为信托财产在实质上也不是受托人的自有财产；再从受益人角度看，他虽然享有受益权，但在信托关系存续期间，他并不享有支配信托财产的权利，也不参与管理甚至不参与处置，因此信托财产也不是受益人的自有财产。这就是信托财产的独立性。有的学者形象地将之称为信托的闭锁效应：信托一旦设立，信托财产即自行封闭，与外界隔绝。

信托财产的独立性在信托法上产生了极其重要的法律后果。首先，受托人在管理过程中，必须将信托财产与自有财产加以区别，如果是现金的话就得账户分立，不能将自己的钱和受托资金混在一起，受托人也不能用信托账户的钱来填补自己投资的损失。其次，也是非常重要的一点，委托人、受托人及受益人三者中的任何一方负债甚至破产的话，其债权人都无法主张以信托财产偿债。这就是信托财产成为空中楼阁或者说闭锁效应的后果。

因为，既然委托人将财产权出让，在信托存续期间就失去了所有权，已经不是所有者，所以无法以此偿债；受托人承担的只是名义上的财产权而非真正意义上的所有权，所以他也并不是真正的所有者，他人资产当然不能替自己还债；而受益人的权利只是依照信托文件的规定享受信托利益，他从一开始就不是所有者，当然也不应该以此偿债。受益人如果破产，其债权人至多只能请求受托人依信托文件规定交出受益人享有的信托利益，而不能对信托财产本身有任何觊觎，即便诉诸法院，法院判决也得遵循这个规则。

举一个极端的例子，委托人、受托人和受益人三方都同时破产，其债权人也什么都拿不到，污水处理厂仍然正常运转。从法律上来说，信托项下的财产应该仍然存续、升值或贬值，以及等待被新的受托人代管，而不能被三方中的任何一方债权人追索。在找到新的受托人后，这笔信托财富仍然可按照原来的约定发挥作用，就像一艘被转让的船只一样，在找到新的船长和船员后，它将再次驶向大海。

从信托责任的有限性看PPP

有限责任是信托的另一个重要法律特质，根源于信托财产的独立性。信托中的有限责任既体现在信托的内部关系中，也体现在信托的外部关系中。

在占有、管理和处置信托财产的过程中，只要受托人善尽职守，没有违反约定的受信义务，即使未能取得信托收益或亏损，受托人也无须以自有财产对受益人承担个人责任。也就是说，尽职的受托人在这种情况下，无须向受益人交付罚金，即便自己相关账户上有资金。尽职的受托人在管理信托财产期间发生损失，只需在信托关系终止时将全部剩余财产交给受益人即可。当然，如果未能取得信托收益甚或亏损是由受托人的失职或违反信托目的所致，受托人应该赔偿、承担个人责任。

信托有限责任是和其有限权利相对应的，因为受托人只是名义上的所有者、实际上的管理者和信托收益的非受益者，既然他不从信托财产中获取收益，也当然不应该为其损失负责——只要他严格认真地履行了忠实和勤勉义务。

信托法做出上述制度创新，其宗旨是要确保信托目的能够充分而圆满地实现，从而使信托能最大限度地发挥财产转移与财产管理功能。信托财产的独立性和信托责任的有限性是一个问题的两面，它们共同构成了信托的安全屏障。只有信托财产真正拥有独立性，整个信托的架构才会具有“准法人性”，信托当事人责任的有限性才能得到保障。

从信托财产的连续性看PPP

信托的连续性，指信托不因某些事由的出现而影响其存续。如果是大陆法意义上的契约关系，当事人不存在了债务也就无从追索，从而一笔勾销，但是在信托关系中，其遗产中的信托责任并没有随着当事人的逝去而消亡。

法国曾有一位全世界最长寿的女性卡尔芒，享年120岁，一位年近花甲、精于算计的公证人在这位女士90岁时以房地产抵押对赌的方式买下其公寓，条件是支付少量首付款后每月付给老人一笔固定养老费直到其去世，去世后房子就自动归公证人所有。一般来说，公证人这笔生意稳赚不赔，毕竟一个90岁高龄的老太太能继续活多久。

结果幸运老太太卡尔芒又活了30多年，成了万人瞩目的世界人瑞。那个可怜的公证人先于她好多年默默无闻地离开人世，但是每月的养老费按照约定从其遗产中扣除以便支付给老太太，最后支付的养老费的总和已经超出房价的三倍。这笔债务并没有因为当事人去世而结束，它鲜明地体现了信托价值，这是信托与合同、代理等其他财产转移和管理制度的本质区别。

信托财产应该是安全的，因为它受到衡平法的保障，从这一点来看衡平法真的是信托的“保姆”。但是无论有什么样的保障或者有多少保姆，良好的社会道德和健全的法律制度之间的相互作用和相互制约依然是信托财产的基石，尽职尽责的受托人依然是一个信托正常发挥作用的关键，法律法规也支持这样的行为，这就是为什么家族信托在西方国家盛行不衰。

我们的观点：契约精神是PPP成功的关键

李克强总理曾引用过一组数据，中国公共设施的存量仅为西欧国家的38%、北美国家的23%，服务业水平比同等水平发展中国家还要低10%，城镇化率则比发达国家低20%。[①]要解决上述现状，公共物品和公共服务供给是供给侧改革的重点领域，PPP则是重要的供给侧改革实现方式。

一个透明公开、预期明确的制度安排，是PPP成功运行的重要因素。国外很重视PPP合同范本的制订，而监管有效与否的关键在于合同规定的明确程度。在特许权协议中应详尽规定应承担的责任与义务、风险应对及违约处理事项，强化涉及公私方的利益条款，一旦出现问题可依合同办事。

但是，由于信息不对称和突发情况，导致现实中再完善的契约都是不完整契约，这时候讲信用、守承诺的契约精神就显得极为关键，因为这关系到PPP项目的成功与否。

---

① 李克强：焕发“传统引擎”的澎湃动力．新华网，2015–08–09.

第二章

概念、分类、概述

概念

国际组织对PPP的定义

联合国开发计划署认为，PPP是指政府、营利性企业和非营利性组织基于某个项目而形成的相互合作关系的形式。通过这种合作形式，合作各方可达到比预期单独行动更有利的结果。合作各方参与某个项目时，项目的责任和融资风险并非完全由私营部门承担，而是由参与合作的各方共同承担。

联合国训练研究所认为，PPP涵盖了不同社会系统倡导者之间的所有制度化合作方式，目的是解决当地或区域内的某些复杂问题。PPP包含两层含义，其一是为满足公共物品需要而建立的公共和私营倡导者之间的各种合作关系；其二是为满足公共物品需要，公共部门和私营部门建立伙伴关系，推进大型公共项目的实施。

欧盟委员会认为，PPP是指公共部门和私营部门之间的一种合作关系，其目的是为了提供传统上本应由公共部门提供的公共项目或服务。

世界银行认为，PPP是私营部门和政府机构之间就提供公共资产和公共服务签订的长期合同，而私营部门须承担重大风险和管理责任。

亚洲开发银行将PPP定义为，为开展基础设施建设和提供其他服务，公共部门和私营部门之间可能建立的一系列合作伙伴关系。

美国PPP国家委员会指出，PPP是介于外包和私有化之间并结合了两者特点的一种公共物品提供方式，它充分利用私营资源进行设计、建设、投资、经营和维护公共基础设施，并提供相关服务以满足公共需求。

加拿大PPP国家委员会将PPP定义为公共部门和私营部门基于各自的经验建立的一种合作经营关系，通过适当的资源分配、风险分担和利益分享，来满足公共需求。

我国政府和组织对PPP的定义

国务院《关于在公共服务领域推广政府和社会资本合作模式指导意见的通知》（国办发［2015］42号）是这样定义PPP的：

“政府采取竞争性方式择优选择具有投资、运营管理能力的社会资本双方按照平等协商原则订立合同，明确责权利关系，由社会资本提供公共服务，政府依据公共服务绩效评价结果向社会资本支付相应对价，保证社会资本获得合理收益。”

财政部《关于推广运用政府和社会资本合作模式有关问题的通知》（财金［2014］76号）中提到：“政府和社会资本合作（PPP）模式是指在基础设施及公共服务领域建立的一种长期合作关系。通常模式是由社会资本承担设计、建设、运营、维护基础设施的大部分工作，并通过‘使用者付费’及必要的‘政府付费’获得合理投资回报；政府部门负责基础设施及公共服务价格和质量监管，以保证公共利益最大化。”

发改委《关于开展政府和社会资本合作的指导意见》（发改投资［2014］2724号）认为：“政府为增强公共物品和服务供给能力，提高供给效率，通过特许经营、购买服务、股权合作等方式，与社会资本建立的利益共享、风险分担及长期合作关系。”

财政部部长楼继伟指出：“广义PPP是指政府与私营部门为提供公共物品或服务而建立的合作关系，以授予特许经营权为特征，主要包括BOT（建设—经营—转让）、BOO（建设—拥有—运营）、PFI（民间主动融资）等模式。”狭义PPP与BOT的原理相似，都由使用者付费，但它比BOT更加强调公共部门的全过程合作。

香港效率促进组将PPP定义为一种由双方共同提供公共服务或进行计划项目的安排。在这种安排下，双方通过不同程度的参与和承担，各自发挥专长。PPP包括特许经营、私营部门投资、合伙投资、合伙经营、组成合伙公司等几种方式。

我们的观点

从上述众多机构和专家从不同视角给出的PPP概念可以看出，尽管对PPP没有形成完全一致的表述，但可以发现PPP的共同特征：一是强调政府与社会资本的合作，这种合作是一种建立在对等关系上的双赢的、新型的生产关系，从根本上跳出了旧有生产关系上存在的“国进民退”还是“国退民进”的零和博弈争论；二是合作建立在经济与社会意义上的双重“成本—收益”基础之上，其优点是由于政府的存在，项目将社会成本纳入成本收益分析，外部性问题也随之得到极大缓解；三是强调公私双方对公共项目的风险和收益建立长期稳定的共同分担机制，形成命运共同体。

综上，我们认为，PPP是指政府（或公共部门）与非政府机构的一种合作形式，政府（或公共部门）为了行使公共管理职能，将一部分提供公共物品的项目引入效率更高的非政府机构参与，在公共职能得到履行的情况下，非政府机构获取合理收益。PPP不仅是社会资源配置优化的一种有效组织手段，也具备促进政府职能改革、推动国家治理能力提升的功能，是工商管理和社会治理机制的重大创新。

因此，我们断定，PPP的自有资本金注入方式，决定了其以股份制为主的形式与我国大力推进的混合所有制改革创新形成天然的机制性内洽与联通；PPP的外部资金引入方式决定了其还可以促进我国债券市场的进一步发展，带动相关金融业（例如银行业、信托业、评级业等）的改革深化。

分类归纳

国际组织的分类

随着近年来PPP在各国的运用与发展，结合各国PPP发展所处的不同阶段，PPP表现出不同的特征及形态，各国对PPP的分类也有所不同。

世界银行

世界银行综合考虑资产所有权、经营权、投资关系、商业风险和合同期限等因素，将广义PPP分为服务外包、管理外包、租赁、特许经营、BOT/BOO和剥离6种模式，如下表所示。

表 2–1　世界银行的PPP分类

PPP类型	产权归属方	经营和维护方	投资人	商业风险承担方	合同期限
服务外包	公共部门	公共部门和私营部门	公共部门	公共部门	1~2 年
管理外包	公共部门	私营部门	公共部门	公共部门	3~5 年
租赁	公共部门	私营部门	公共部门	共同分担	8~15 年
特许经营	公共部门	私营部门	私营部门	私营部门	25~30 年
BOT/BOO	私营部门和公共部门	私营部门	私营部门	私营部门	20~30 年
剥离	私营部门或私营部门和公共部门	私营部门	私营部门	私营部门	永久

联合国训练研究所

联合国训练研究所按照狭义PPP进行分类，认为世界银行PPP分类选项中的特许经营、BOT和BOO三类模式称为PPP，而外包、租赁和剥离不属于PPP范畴。

欧盟委员会

欧盟委员会对PPP也有相应的分类，摘要如表 2–2 所示。

表 2–2　欧盟委员会的PPP分类

PPP 类型	具体模式	备注
传统承包类	外包服务、O&M（委托运营）租赁	租赁也属于私人承包类，这一点与上面两种分类有所不同

（续表）

PPP 类型	具体模式	备注
一体化开发和经营类	BOT、“交钥匙”	有时“交钥匙”也用DBO（设计—建设—运营）来表示，即全承包或“交钥匙”
合伙开发类	特许经营	特许经营包括DBFO（设计—建设—投资—经营）、BOOT（建设—拥有—运营—移交）、剥离等，剥离包括BOO等

加拿大PPP国家委员会

加拿大PPP国家委员会按照转移给私营部门的风险大小将广义PPP细分成为12种模式，参见表2–3。

表2–3　加拿大PPP国家委员会的PPP分类

O&M	委托运营
DB	设计—建设
DBMM	设计—建设—主要维护
DBO	设计—建设—经营（超级“交钥匙”）
LDO	租赁—开发—经营
BLOT	建设—租赁—经营—转让
BTO	建设—转让—经营
BOT	建设—拥有—转让
BOOT	建设—拥有—经营—转让
BOO	建设—拥有—经营
BBO	购买—建设—经营

我国PPP模式的分类

当前中国PPP模式主要分为委托运营、管理合同、建设—运营—移交、BOO、TOT（转让—运营—移交）和ROT（改建—运营—移交）等不同的运作方式。对上述PPP的具体模式进行选择时，应该综合考虑到现金流收支匹配、项目股权投资回报率、项目债权融资量、运营之后改/扩建的可能性和项目生命周期结束后的固定资产处置等因素。

本小节余下内容将部分引用财政部2014年《关于印发政府和社会资本合作模式操作指南（试行）的通知》（财金［2014］113号）。

1. 委托运营

委托运营是指政府将存量公共资产的运营维护职责委托给社会资本或项目公司，社会资本或项目公司不负责用户服务的PPP项目运作方式。政府保留资产所有权，只向社会资本或项目公司支付委托运营费。合同期限一般不超过8年。

2. 管理合同

管理合同，是指政府将存量公共资产的运营、维护及用户服务职责授权给社会资本或项目公司的项目运作方式。政府保留资产所有权，只向社会资本或项目公司支付管理费。合同管理通常作为TOT的过渡方式，合同期限一般不超过3年。

3. BOT

BOT指政府部门通过特许经营合同，授予社会资本或项目公司承担新建项目设计、融资、建造、经营、维护和用户服务职责；在合同规定的特许期内，社会资本或项目公司通过项目运营收回投资和运营成本，并获取合理的收益；合同期满后项目资产及相关权利等移交给政府的一种项目运作方式。

BOT模式的特点是：（1）采用有限追索权，即项目债权人追索权仅限于项目资产和项目收益，项目债务不会反映在投资人资产负债表中；（2）前期费用较高，一般应用于大型基础设施项目，如交通运输、供水供电等；（3）特许期期满后，项目经营权无条件转移给政府；（4）项目设计、建设和运营效率及提供的公共物品和服务的质量都比较高；（5）项目从设计到施工全由项目投资者控制，易出现资金不到位、延误工期等风险。

4. BOO

BOO是指社会资本或项目公司在项目建成后拥有项目所有权并开展经营，特许期期满后无须将项目所有权和经营权无条件转让给政府，一般适用于不涉及国民经济命脉和国家安全的行业，或者特许期期满后收回项目所有权和经营权的意义不大的项目。采用BOO模式，必须在合同中注明保证公益性的约束条款，一般不涉及项目期满移交。

5. TOT

TOT指政府将存量资产所有权有偿转让给社会资本或项目公司，并由其负责运营、维护和用户服务，合同期满后资产及其所有权等移交给政府的项目运作方式。合同期限一般为20~30年。

TOT的特点是：（1）能够盘活公共资产，迅速收回建设资金，滚动投资于其他项目，提高财政资金利用率；（2）能够为存量基础设施项目引进先进的管理经验，逐步走向市场，提高公共物品和服务的质量；（3）仅涉及项目经营权的转移，避免项目投资建设过程中的风险，也有利于增强政府对重要行业和项目的控制权，确保经济安全。

6. ROT

ROT是指政府在TOT模式的基础上，增加改扩建内容的项目运作方式。合同期限一般为20~30年。

本轮PPP推行背景

地方政府债务风险累积

20世纪80年代末至90年代初，许多地方政府为了筹措资金修路建桥，都曾发行过地方债券，由于管理上的不规范，出现了许多较为严重的问题，例如有的地方政府将债券以支援国家建设的名义摊派给各单位，有的地方政府则直接把发债所得资金充当部分工资，等等。出于对地方政府因债券兑付能力不足而引发经济问题的担忧，国务院于 1993 年 4 月 21 日颁发《关于坚决制止乱集资和加强债券发行管理的通知》（国发[1993] 24 号）予以制止。进入 1994 年，对地方政府发行债券的禁止上升到法律层面——中华人民共和国第八届全国人民代表大会第 2 次会议于当年 3 月 22 日通过了《预算法》，其中，第二十八条明确规定，“地方各级预算按照量入为出、收支平衡的原则编制，不列赤字。除法律和国务院另有规定外，地方政府不得发行地方政府债券”。该法律于 1995 年 1 月 1 日开始实施，从法律上禁止地方政府举债，以期解决地方政府发行债券引发债务风险的问题。同年 6 月 30 日，第八届全国人民代表大会常务委员会第十四次会议通过了《担保法》，禁止地方政府以及事业单位作为保证人，以期杜绝地方政府或事业单位以担保方式形成隐性债务。

但实际上，出于发展经济的需要，各级地方政府采取多种方式举借债务进行融资。中国地方政府发行的政府性质债券，早就以各种企业债券的形式存在了。另外，2008 年美国次贷危机引发世界金融危机，中央政府出台 4 万亿元经济刺激计划，鼓励地方政府设立融资平台，筹集资金，为中央投资项目配套，导致近年来地方政府债务呈现迅速增长趋势，其中隐性债务、或有债务占到相当大的比例，被视为财政、金融体系中的一大隐患。

我国地方政府债务存在经济风险、社会风险以及治理风险。其中经济风险整体可控，但个别地方政府存在较严重的债务负担；社会风险来自城镇化持续推进，原来有的地方政府融资渠道难以提供与基础设施工程建设周期配套的产品，地方在建工程现金流持续支付往往需要过高的债息支撑，既不符合代际公平原则，又存在透支政府信用、降低执政党威望的社会风险；治理风险是三类风险中最为突出的，因为《预算法》（2014年修正）推动的新一轮财政体制改革并没有给出一套现成的地方政府融资机制，以保证地方政府融资市场化、透明化、规模化、常态化、廉价化。

城镇化进程融资需求

党的十八大之后，新一轮城镇化[①]，即新型城镇化[②]再次成为

---

① 城镇化也称城市化，是由农业为主的传统乡村社会向以工业和服务业、高新技术产业和信息产业为主的现代城市社会逐渐转变的历史过程，即城镇化是指人口向城镇集中的过程。

② 所谓新型城镇化，是指以城乡统筹、城乡一体、产城互动、节约集约、生态宜居、和谐发展为基本特征的城镇化，是大中小城市、小城镇、新型农村社区协调发展、互促共进的城镇化。新型城镇化的"新"就是要由过去片面注重追求城市规模扩大、空间扩张，改变为以提升城市的文化、公共服务等内涵为中心，真正使城镇成为具有较高品质的适宜人居之所。城镇化的核心是农村人口转移到城镇，完成农民到市民的转变，而不只是建高楼、建广场。

国家战略。

2014年3月，国务院印发了《国家新型城镇化规划（2014—2020年）》，提出到2020年实现常住人口城镇化率达到60%的目标。常住人口的城镇化要求以完善的市政基础为基础，这对我国市政基础设施建设提出了更高、更明确的要求。

我国城镇化进程大致有如下4个明显的不同步特征：第一，在旧有的指导方针和体制下，决策部门将城镇人口视为财政供养范畴，在财政收入有限的情况下，政府极力控制城镇范围，导致我国城镇化严重落后于工业化；第二，城镇化的本质是人的城镇化，即农业人口职业的转变，然而我国的现状是土地城镇化速度远快于人口城镇化速度；第三，我国的制造业、服务业集中于城市地区，在现有的户籍制度下，农村劳动力进入城市往往是为低端制造业、服务业提供简单劳动，而无法真正融入城市之中，造成了我国特有的以“春运”、“民工潮”、“返乡潮”等为代表的人口高流动性特征；第四，我国省域间自然环境差异大，经济发展水平不均衡，城镇化无须按照统一模式推进，不宜以“一刀切”的模式推广，因此必然呈现出多样化和区域化的特征。

我国城镇化的上述4个不同步特征给财政体系的运作带来了不确定性和严峻挑战。以土地城镇化速度与人口城镇化速度不同步为例，尽管无论是土地城镇化还是人口城镇化，都会带来投资和资金上的需求，但人口的城镇化带来的是消费需求的增加，而土地的城镇化产生的是直接的投资需求。由于我国人口城镇化速度落后于土地城镇化速度，故我国新型城镇化将呈现出先投资需求、后消费需求的时间分布特征。如果再考虑人口城镇化产生的滞后消费需求，我国新型城镇化战略在基础设施、公用事业、公共服务等领域产生的资金需求将是巨额的、多层次的。

实际上，我国民间社会与民间资本并不具备自发推进城镇化的条件，这就决定了中国城镇化是由政府主导的。国开行行长郑之杰认为，到2020年之前中国需要至少50万亿元的新投资用于城市建设，但政府仅依靠目前财税体制形成的财力又难以满足城镇化建设中如此巨大的资金需求。那么，毋庸置疑，新型城镇化进程必然依赖债务进行融资，地方政府通过债务筹集部分基础设施建设资金将是常态，而债务融资的风险如何控制，成为城镇化对当前财政体制提出的又一个重要挑战。

在基础设施项目建设任务重的背景下，传统的以银行和信托资金为主要融资渠道形成的债务容易形成大量的短期兑付。银行、信托的资金周期与城镇化建设所需要的长期资金在期限上存在严重的错配，不但极易引发地方债务风险，而且给地方政府以及纳税人造成了沉重的、不必要的利息负担。因此，现有的以银行信贷为主的融资模式必然是不可持续和不合适的。

我们的观点：推行PPP的现实意义

有利于化解中央政府或有债息风险

尽管《预算法》（2014年修正）赋予地方政府举债权，从制度的顶层设计高度杜绝了地方政府性债务、地方政府负债债券化、隐性地方政府债务显性化，初步解决了自1995年开始实行的《预算法》存在的对地方政府预算约束力不强、地方财政纪律不严、中央权威不足信等问题。但是，地方政府债务债券化存在中央政府或有债息风险加剧的可能。其内在机理如下。

地方政府债务总量已经通过地方政府债券发行量的方式全部予以显性化，那么地方政府债券利率水平将直接决定地方政府的债息负担。这一步看似已经解决了地方政府债务和地方政府性债务规模不明，地方政府债息负担难以准确估算，地方财政可持续运行面临威胁的老问题，实则不然。稍微回顾近几年来我国政府债券管理历史，我们将不难发现，自2009年地方政府债券制度开启以来，地方政府债券利率一直在财政部的呵护下处于低水平，但这种模式随着地方政府债券发行量的逐年增加已经受到了挑战，2015年3.2万亿元地方政府债券置换计划推出之后，我国债券资本市场的承受力极限受到各方面关切，一旦当前地方政府债券利率的定价模式难以为继，或者国际宏观环境风云突变，地方政府将面临巨大的利率风险，一样可以给中央政府造成巨大的或有债息负担。

在PPP模式下，无论是中央政府信用还是地方政府信用，（从理论上讲）都与PPP项目公司发行的项目收益债无关。就融资风险管理角度而言，PPP与地方政府债券制度或者开发性金融不同，PPP不会将地方政府债息风险提升/推延到中央政府层面（地方政府债券制度存在的潜在问题），也不会直接将地方隐性债务转换为中央政府或有债务（开发性金融存在的潜在问题），PPP彻底斩断了财政风险传染链条，化解了中央政府或有债息风险。

有利于新型城镇化建设的资金筹集

一方面，我国处在城镇化快速推进的过程中，新型城镇化建设需要巨额资金[①]；另一方面，经过几十年的经济建设，特别是改革开放30多年的发展，私营资本等民间资金较为宽裕，

① 据《国家新型城镇化规划（2014–2020年）》，目前我国常住人口城镇化率为53.7%，户籍人口城镇化率只有36%左右，不仅远低于发达国家80%的平均水平，也低于人均收入与我国相近的发展中国家60%的平均水平，还有较大的发展空间。本次规划的发展目标是，城镇化健康有序发展，常住人口城镇化率达到60%左右，户籍人口城镇化率达到45%左右，户籍人口城镇化率与常住人口城镇化率差距缩小2个百分点左右，努力实现1亿左右农业转移人口和其他常住人口在城镇落户。

2014 年年底城乡居民储蓄余额达 507 831 亿元[①]，总的金融机构存款余额甚至超过百万亿元（约 116.8 万亿元）[②]，通过推广 PPP，可以动员一部分民间闲置资金，用于地方经济社会建设，解决城镇化进程中基础设施建设资金不足的问题，加快我国新型城镇化建设步伐，提高人民生活水平。

在市场中，我国地方政府近年来形成的各种债务信誉，其实是被投资者视为以地方政府的财政收入进行兜底支撑的。省级以下诸多地方政府对自身的主体信誉管理并不积极，因为地方政府对其上级政府、中央政府有着强烈的债务兜底预期。更为严重的是我国官员任期制度在实践中没有严格执行，导致官员任期与举借债务期限错配，存在官员激进举债得到政治升迁，却将高额债息负担转嫁给下一任的道德风险。正因为如此，近年来出现了地方政府敢借，金融机构敢贷的局面，而地方政府对债息高企不敏感会严重伤害到地方经济未来的可持续性，提高了城镇化进程的成本。这种预期中央政府最终为债务支付坏账成本而大举融资的模式，也是一个地方政府和金融机构联合向中央财政套利的道德风险问题。

2015 年，财政部推出了地方政府债券置换计划，一定程度

---

① 数据来源于国家统计局网站。

② 该项数据包括单位存款、个人存款、财政性存款、临时性存款、委托存款和其他存款。

上缓解了地方政府债务压力，但债务的债券化并不是解决问题的全部。这是因为，一方面市场中的个体投资者、机构投资者对地方政府债券的上级政府兜底预期依旧可能存在[①]；另一方面巨额的债务置换计划需要中国人民银行的货币政策配套支持，在今后可能引发财政政策影响货币政策独立性，宏观政策工具的调控效果打折扣。

通过PPP这一模式，地方政府信用与项目不再直接捆绑，而是通过资源的再整合，以服务而不是掌舵的姿态，介入新型城镇化进程。这样提升了财政资金的使用效率，促进地方政府职能转型，增强社会对地方政府信誉的信心和预期，有利于新型城镇化筹集稳定的资金流。

① 尽管中央政府通过《国务院关于加强地方政府性债务管理的意见》（国发［2014］43号）宣布不再对地方政府债务进行救助，但实际上中国地方政府并没有破产的先例，也没有地方政府破产之后如何维护基本公共服务运转的预案，因此，投资者依旧预期中央政府会在地方政府债务出现危机时通过各种手段进行干预。

第三章

国外PPP制度介绍

PPP的国际比较

PPP的全球发展现状概览

1992年，时任英国财政大臣诺曼·拉蒙特在英国启动了PFI（Private Finance Initiative，私人融资计划），成为第一个具有现代PPP意义的公私合作项目计划，也成为公共服务领域引入市场化竞争后，进一步推动政府与私营部门合作的重要模式。

英国、澳大利亚、加拿大、新西兰、南非以及韩国都是重要的PPP实践国家。根据经合组织（经济合作与发展组织）统计，在PPP运用最为普遍的国家中，PPP一般占整个基础设施采购的10%~15%。[①] PPP逐渐成为国际市场上实施多主体合作的

① 孟春，王景森. 借鉴国际经验完善我国PPP机制. 经济研究参考，2014，36：5–8.

一项重要的项目运作模式。

私有化进程在改善公共服务方面发挥了一定的作用，但随着时间的推移，也暴露了诸多弊端，如过度追求利润，经常导致公共物品的价格偏高，难以保证公益性。政府公共部门的退出并没有带来基础设施的大发展，反而造成了基础设施供给不足，社会公共利益受损。在这样的背景下，西方国家逐渐认识到简单依赖私有化并不能解决公共服务领域的诸多弊病，并开始对基础设施市场化模式进行反思，对私有化的批评和质疑之声也越发受到社会各界重视，促使典型国家中央政府调整其私有化政策。

联合国欧洲经济委员会2007年发布的报告认为，各国PPP的发展可以分为三个阶段，不同的阶段面临不同的任务和挑战（如表3–1所示）。

表3–1　PPP的不同发展阶段

阶段1	阶段2	阶段3
定义政策框架； 检察法律可行性； 确定项目来源； 发展基础概念； 把最初的经验推广到其他部门； 开始建立市场	引入司法改革； 公布政策和实践指南； 建立专门的PPP管理机构； 进一步完善PPP模式； 继续培育市场； 扩大项目来源，并延伸到新的部门； 利用新的资金来源	清除法律障碍； PPP模式完善和再生； 复杂的风险分配； 长期的政治稳定性； 利用全方位的资金来源； 繁荣的包含私营资本和股票资金的基础设施投资市场； 训练有素的、能充分运用以往PPP经验的公务员

国外PPP实践经验

英国PPP介绍

1. 英国PFI–PPP发展

英国既是PPP的实践先驱，又是PPP至今仍运用成熟的典型国家。“二战”以后，由于大型公共项目开支超预算、工程逾期等现象引发了英国民众对政府的日益不满。20世纪80年代，撒切尔夫人上台后，对英国政府在提供公共物品方面存在的问题进行了全面检讨，重新审视了普遍存在的承包商与财政资金主管之间的矛盾和利益冲突。撒切尔政府总结发现，在医院设施修缮、公立学校校舍维修、城市道路照明维护等方面，政府提供的公共服务质量差强人意；然而，海上油气开发等英国政府参与的大型项目往往取得了较好的设计、建设、运营、维护效果，且成本与工期可控。一方面，纠正“市场失灵”的政府介入导致某些领域“政府失灵”现象频繁发生；另一方面，政府介入公共物品提供却取得较好的效果。

1992年，诺曼·拉蒙特考虑利用社会资本填补政府财政收入与公共物品支出日益扩大的缺口，并创立了现代意义上的PPP典型范式之一：PFI。英国政府认为，政府不能无限介入公共物品提供，合适的PPP运行模式必须要在特定领域中推广，才会起到提高公共物品供给效率的效果。从中央政府到各级地方政府，英国PPP–PFI项目被分为6大领域：①交通，如修建地铁、桥梁等；②教育，如新建或修缮学校；③卫生，如建造医院、完善医疗设施；④市政，如公共消防、建设公租房、垃圾回收处理和城市供水系统等；⑤司法，如监狱、警察局等；⑥国防，如提供军需物资等。在上述领域中，政府再决策对特定的项目是否采用PPP，以及采用何种PPP类型，力求做到具体问题具体分析。

但是在1997年以前，执政党保守党在议会受到工党等其他政党政治层面的激烈反对，PFI模式在英国的推广还是相当有限的。具有讽刺意味的是，在1997年工党获得执政权之后，PFI在英国得到了极大的推广和发展。

英国的PPP发展可以粗略地分为三个阶段，即1992年以前的阶段，1992~2011年的PFI阶段，2012年至今的PFI2阶段。

PFI是英国最主要的PPP类型，基本覆盖了公共物品的设计、建造、投融资和运营等所有环节。累计实施的项目从学校宿舍修缮到伦敦地铁运营，只要涉及公共需要、公共物品提供，均可以采用PPP。在英国的公共财政PPP实践中，不同类别的PPP项目会采用不同的合同架构，例如公立医院病房的日常修缮项目涉及合同标准化程度很高的政府采购招投标，再如地铁建造—运营这类大型非标准化项目，伦敦地铁就是以30年特许经营权为基础采用PPP方式建造而成。

2012年年底，英国财政部正式公布了《关于公私伙伴关系新模式》政策文件和《私人融资（2）标准化合同指引》，标志着英国政府推出了“升级版”的PPP：PF2，英国PPP进入了全新发展阶段。

2. 英国PF2–PPP改革

PFI充分利用了私营部门的逐利性动机，吸收了私营部门在项目运营、管理创新、风险控制等方面的长处，但也暴露出合同灵活性差、再谈判成本高、公共物品提供的质量下降、私营部门承担过高风险等缺陷。英国政府总结了PFI的诸多弊端，于2012年年底颁布了《标准化PF2合同》。PF2充分利用PPP的关键优点，继续发挥私人融资的专长，并致力于更好地保护公共利益。

从PF2的理念上看，可归纳为4个特点：第一，将公共部门与私营部门之间的风险分摊问题置于重要高度，强调风险的分类与合理分摊，重视对私营部门进行新模式理念的推广；第二，将PPP合同分为“强制”部分（任何情况下不允许修改）和“推荐”部分（为了适应不同的行业或领域，可以在合同范本上进行修订），这就兼顾了合同文本的规范性与灵活性，提高了PPP合同执行效率，降低了因为反复重新谈判而浪费的时间与资金成本；第三，标准化PPP合同（支付机制模板、格式化的股东协议等），使其具有可复制性，加快PPP项目的快速落地；第四，让合同各方无须在谈判环节消耗太多时间与精力，以便提升PPP的经济效率。

PF2进行了以下革新：（1）公共机构必须对PPP项目公司进行股权投资；（2）公共机构以小股东的身份作为PPP项目的共同投资人；（3）承包人的服务限制在基础设施管理（建筑、电气管道等）；（4）公共机构在PPP中进行软服务管理（保洁、安保、绿化等）；（5）PF2项目的运营和财务信息透明化；（6）公共机构承担政策法规类风险，因为这类风险私营机构实际上无力管理、无法承担。

3. 英国PPP经验

大陆法系和普通法系对于PPP项目采取了不同的规范路径：许多大陆法系国家通过单独的行政法律来约束PPP项目，在普通法系国家则由普通法来规定所有商事交易的基本原则。英国作为典型的普通法系国家，没有通过立法出台一部PPP法，而是直接采用标准化PPP合同以规定政府资本和社会资本的权利与义务对等、收益与风险匹配，在PPP应用和推广上取得了举世瞩目的成就。英国PPP实践经验对我国新一轮PPP推广具有一定的参考价值。

第一，PPP有助于提高各级政府所提供的公共物品的质量。公共物品理论指出，为了提供足够的公共物品以解决市场机制不足的问题，政府有必要直接介入公共物品的生产与提供之中。公共财政收支活动是政府经济活动的核心内容，这些核心内容全部以满足集体需要为目的。马尔科曾于1936年指出，所谓集体需要，是指个体的不满足感加总所构成的社会总体感觉。集体需要是指在市场失灵状态下，公共财政提供具有共同消费属性物品的早期公共物品理论。尽管早期公共物品理论为政府提供一定数量的公共物品提供了理论依据，但没有进一步指出政府的公共物品一定是基于一定质量之上的。现代PPP从英国诞生之初就是为了提高政府提供公共物品的质量，通过政府职能转型，改变旧有的低效率的政府投融资模式，充分发挥政府部门和私营部门的各自优势，提高公共物品质量。

第二，PPP是公共财政资金实现物有所值的有效途径。英国的PPP是以私营部门为管理方，进行项目甄别、项目采购、项目建设、项目融资、项目运营和项目退出的全生命周期设计，政府部门作为监管方负责项目监管。私营部门从PPP项目中获取的盈利水平基于项目的经济效率，因此以盈利为导向的私营部门对工期要求严格。就工程款支付操作而言，作为PPP项目管理方的私营部门不会像公共部门一样，在项目交付并完全运行之前就支付承包商工程款项。在整个项目的生命周期（15~30年）中，PPP项目管理方会按照现有或者更加严格的标准对项目资产进行维护，以保证项目的高质量运营，如果承包商没有达到上述标准，就会面临合同中规定的经济惩罚，如果承包商更好地完成了合同约定，也会受到一定程度的经济奖励。PPP在项目设计、项目建设、项目融资、项目运营等环节确保了项目资金运用得最有效率，当然也使得公共财政资金体现出最佳价值，在PPP项目全生命周期中节省了财政支出。另外，PPP合同中约定了私营部门与政府部门各自应该承担的风险，这种协商、沟通机制更加有利于现实中不确定环境下资金的最佳价值实现，确保财政支出的高效率。

第三，PPP有利于风险在公共部门和私营部门之间通过协商得到合理分担。现代PPP本质上并非融资手段，而是在公共物品提供过程中，公共部门与私营部门合理分担各种风险与责任，以解决传统政府投融资模式下风险与社会责任过于集中在公共部门的问题。风险与责任按照对等原则进行划分。例如，公共部门处于强势地位，那么法律风险、政策风险应该由公共部门予以承担；私营部门在市场风险管理方面具有天然优势，那么PPP的商业风险就应该交给私营部门承担。私营部门将市场风险溢价纳入公共物品供给成本，体现在与公共部门签订的收费合约文本之中。公共部门则可以投入更多精力在标准制定、保护公共利益等方面，履行自己的职能。

第四，PPP的顺利推行需要科学的配套体系予以支撑。首先，设立专门的PPP机构，英国设立了专门的组织机构管理PPP相关事务。从最初设立的特别工作小组，到2000年正式成立专门机构PUK（合作伙伴关系组织），英国政府持股49%，私营部门持股51%。PUK的职能就是专门服务于具有英国特色的PPP–PFI：帮助PPP项目有效快速地推进，与私营部门建立稳定的合作关系，为公共财政支出节约成本，对存量项目进行保值与增值管理。其次，遵从一定的原则确定公共项目的先后次序：在条件不成熟的领域，率先推广容易操作的公共项目进行公私合作，以最快地集中和利用社会资源；在条件成熟的领域，率先对重点项目进行操作，以最大化满足公共利益。最后，根据实际情况采取灵活的PPP实现模式与合同：具体的PPP形式可以采用DBFO、DBFT（设计—建造—融资—转让）、BOT、BOO等多种实现形式。

4. 英国PPP案例：伦敦地铁项目

（1）背景介绍

伦敦地铁系统始建于1856年，1863年首次开通运营，伦敦市中心部分线路于20世纪初完成。整个地铁的投资、建设、运营均由伦敦市政府负责，地铁所有权、运营权归属国有企业——伦敦地铁公司。在公有经营体制下运营了100多年之后，伦敦地铁线路的老化问题越来越严重，升级问题越来越突出，服务质量越来越低下，受到了英国民众和社会舆论广泛而持续的关注。英国政府在1998年对伦敦地铁的检测中发现，该系统的可靠性指标仅为94%，即每发出16列班车，就有1列班车因为安全隐患被迫强制取消。这极大地影响了伦敦市区人们的日常出行，也不利于地铁系统的正常运营，伦敦地铁系统的更新成为一大挑战。

一方面，伦敦地铁系统长期缺乏有效的市场化再投资机制，另一方面，英国中央政府自1994年用于交通的财政预算逐年下降（伦敦地铁长期且主要依赖中央政府财政补贴），已经陈旧的地铁设备无法得到有效修缮或者更新，融资缺口却不断扩大，旧有的地铁运营方式难以为继。

在苦苦支撑数年之后，1997年上台的新政府开始考虑使用新的地铁运营方式，由于实践100余年的公有经营体制被证明带来严重亏损，将伦敦地铁进行私有化经营成为一种可选方案。但是，地铁是服务于社会大众的准公共物品，在考虑其经济效益的同时还必须兼顾社会效益，1998年，英国政府最终决定采用PPP对整个地铁系统进行改造升级。

经历了审慎论证和严格筛选，在4年之后英国政府终于跟三家公司（SSL、BCV、JNP）签订了3份PPP合同，将未来30年的特许经营权分别转让给这三家公司，使用DBFO模式，以保证地铁系统在未来30年有充足的长期投资。三家公司分别负责不同类型的项目（例如铁轨、信号站、隧道等）的养护，票务收入依然由伦敦地铁公司统筹。先由政府对三家公司业绩进行评估、考核后，再决定分配收益，这样设计投资回报机制的原因是私营机构被认为可以在有效激励下提供更有效和有保障的长期投资。30年的特许经营权是一种对私营机构进行预期管理的有效工具，同时，政府部门还保留了对地铁系统的实际控制权，这种合同安排既确保了公共利益不被侵犯，又提高了公共基础设施运营的经济效率。

（2）项目结构

英国政府与企业之间PPP的具体关系和合作方式，主要体现在拨款、经营、收入、监管和基础设施服务等方面。英国政府希望私营机构为伦敦地铁系统前期投入70亿英镑左右的资金以缓解财政资金紧张压力，作为回报，PPP联合体中的私营机构可以得到11亿英镑的费用作为收入。在资金来源方面，英国交通部使用财政预算向伦敦交通局拨款11亿英镑，这笔拨款再由伦敦交通局下拨给伦敦地铁公司，同时地铁公司每年大概有10亿英镑的票费收入；在资金使用方面，一部分用于支付给PPP联合体中的私营机构，另一部分用于地铁日常运营，包括工作人员的工资等。

伦敦地铁PPP合同中有一个值得关注的特别条款，即允许PPP联合体向政府申请总额为3.6亿英镑的补贴，这是为了弥补初始合同中那些无法预见的风险和突发意外状况。即便如此，这份补贴也不是一次性兑现，合同要求PPP联合体在提出补贴申请7年之后才可以结算，据此可以估计，PPP联合体在拿到补贴之前每年大约需要承担5 000万英镑的费用。另外，根据合同还设立了一个名为“健康安全执委会”的机构，该机构每隔三年对地铁系统运营的安全性进行一次彻底评估，并承担日常的涉及地铁公司安全和风险事项的监督责任。伦敦地铁PPP项目结构图如下所示。

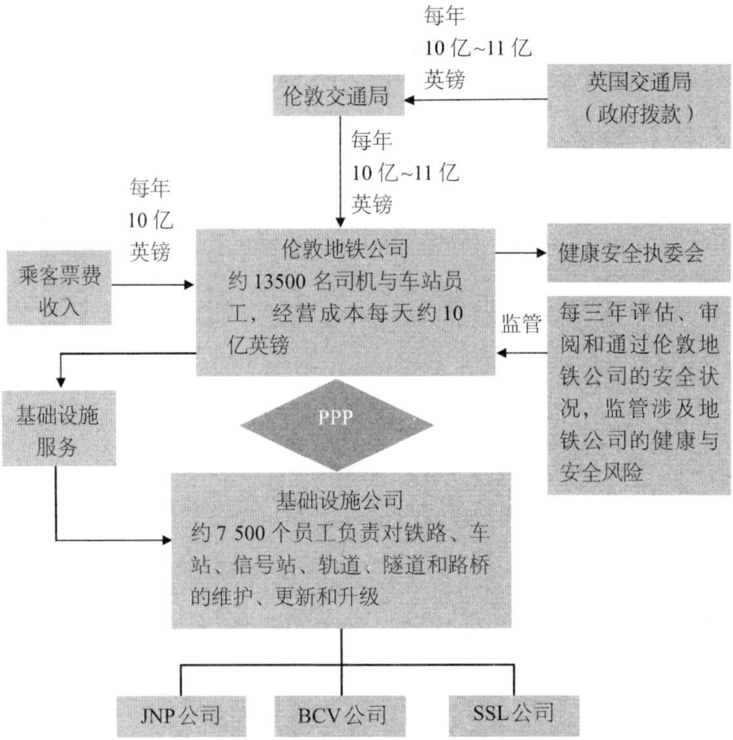

图3–1　英国伦敦地铁项目结构图

图3–1中的SSL公司、BCV公司和JNP公司各自承担了对

铁路、信号站、隧道、路桥进行维护和升级的任务。这三家公司实际上分别由两个子联合体运营——SSL和BCV两家公司归属Metronet公司控制，Metronet公司负责维护、更新和升级9条伦敦地铁线的基础设施，它的股东包括庞巴迪公司（世界上最大的地铁建造商）、阿特金斯公司（英国大型咨询公司）、保富比迪公司（英国最大的建筑公司）、泰晤士水务集团（世界三大水务巨头之一）、法国电力集团（世界领先的电力公司之一）；JNP公司则由Tube Line公司控制，Tube Line公司实际上是一个资产管理公司，负责3条伦敦地铁线基础设施的维修、更新和升级（包括轨道、列车、信号站、土建及车站），它的股东包括柏克德公司（美国最大的建筑和工程公司，在全美私营公司中排名第五）和Amey plc公司（英国最大的基础设施服务提供商）。

（3）项目运营

被寄予厚望的伦敦地铁PPP合同执行不久，Metronet公司就在事故调查员的压力下被迫宣布对怀特城地铁线路2004年5月的脱轨事故负责——尽管伦敦交通局之前一再责令其进行充分的安全检查。

2005年4月，伦敦交通局交通运输专员鲍勃·基利发布了PPP合同的紧急审查报告，该报告将Metronet公司的地铁运营水准描述为“近乎灾难”——截至2005年4月，Metronet公司只启动了13个地铁站的翻修，而不是计划中的32个地铁站，开工率仅为40%，有超过78条列出路线的整修工程施工进度落后超过1年以上，轨道新建计划完成28千米，而按照合同约定应该是48千米。一个星期后，Metronet公司的首席执行官被解职。

2005年3月，英国下议院运输专责委员会指出，可用性是影响地铁乘客的最重要因素，Metronet公司在管理中没有切实考虑可用性，所以，可以说Metronet公司的表现只是不比执行PPP之前的地铁运营情况更差而已。

2006年11月，基于2003~2006年Metronet公司的表现，该公司受到了PPP仲裁委员会的克里斯·博尔特的严厉批评。克里斯·博尔特在分析了Metronet公司的绩效后认为，该公司并没有实现经济上的效率性，也没能达到业界优良准则的要求。

2007年7月17日，根据《泰晤士报》报道，Metronet公司的“运营管理处于摇摇欲坠的边缘”。这种情况的出现是因为它仅有1.21亿英镑收入，但它需要支付5.51亿英镑费用，入不敷出导致Metronet公司在2008年5月27日宣布破产清算。该PPP项目的失败导致英国政府损失超过41亿英镑。

2010年，另一个PPP联合体Tube Line公司也宣布破产。Tube Line公司的运营成本高出运营收益24亿英镑，而英国政府拒绝接受这一核算结果，导致Tube Line公司难以为继，最后，伦敦地铁管委会支付了约3.1亿英镑，以股票回购方式进行了清算。

（4）项目经验

作为世界范围内PPP的典型案例，轨道交通等基础设施项目的特点是项目建设周期长，项目运营周期更长，不可预见因素极多，工程技术复杂，涉及法人主体众多，合同管理难度大。英国议会和审计署对伦敦地铁PPP项目的最终失败进行了检讨和总结，其中以下两个原因被认为是最主要的。

第一，政府搭建的监督机制实质上被架空。伦敦地铁系统的复杂对工程能力提出了极高的要求，所以有能力应标的私营部门数量不多，这就提高了应标部门的议价能力，削弱了政府定价决策过程的透明度。另外，伦敦作为英国首都，地铁系统的正常运营关乎英国政治稳定性，政府不得不为债务背书以提高项目对私营部门的吸引力，而英国交通部、伦敦交通局实际上并未参与项目实际运作，加上PPP联合体没有给英国交通部、伦敦交通局提供及时、有效的信息，使得政府主管部门、审核委员会等机构无法准确掌握伦敦地铁PPP项目的实际运营效率，只能依靠审计署或者审核委员会抽查发现一些零星的问题，无法及时地从整个项目运营的角度进行事前提示、事中预警、事后干预。

第二，公私部门没有完成预期的整合。对于私营部门而言，PPP合同只是约定对地铁基础设施进行修复、更新，而地铁运营实际收益（车票收费）的多寡与私营部门的营业收入没有直接关系，这就很难激励私营企业提升其运营效率，更谈不上管理创新。而且，在技术难度极大、施工不确定性高的情况下，将大量过于陈旧的地铁基础设施扔给私营部门进行维护和更新，在真正执行阶段，私营部门才发现了其中问题的严重性，但拿到特别补助至少需要7年时间，这就极大地挫败了私营部门的积极性。对政府部门而言，PPP项目的负债率过高，银行贷款和自有资本的比例约为9∶1，且政府为绝大多数的银行贷款进行了担保，政府在监管不力的情况下背负了主要债务风险，而私营部门确实利用了这一点，最终通过一纸破产证书将烂摊子扔给了政府。

德国PPP介绍

1. 德国PPP运行

早在2005年德国政府已经明确表态要大力支持PPP的发展，并且在当时的联盟协议中也宣布将会在投资法中清除更多的影响PPP发展的法律障碍。

德国有法律约束，但没有很好的配套惩罚措施，这一点与中国的情况较为接近。德国是以银行为主导的金融体系，这一点跟中国的情况也较为接近。概括来说，PPP的项目融资主要由自有资本、外来资本、贷款和拨款构成。其中自有资本来自投资人和资助人，外来资本由银行和机构投资者注入，贷款在资本市场上获得，而拨款则由公共部门提供。

尽管存在不足之处，但德国政府对PPP的认识已经提升到国家治理层面。德国财政部就曾明确指出：“PPP不是公共财政紧张时期政府融资的手段，而是为国家和公民以更高的效率提供更好的服务的一种制度安排。”德国经济学家们已经认识到，在德国的政治体制下，PPP作为一种管理手段介入公共物品的提供，在某些情况下可能会产生更高的经济成本。例如，政治家既要考虑履行公共职责的效率，又要考量公共物品提供的参与者的利益关系，对某项公共基础设施进行PPP框架下的投资，既能够避开预算限制，又更容易获取选票，而整个PPP执行方案的成本完全可能是高于传统政府投资模式的。

2. 德国PPP经验

德国联邦和州政府均直接介入对本国PPP项目的经济效率评估，对PPP理论上具有的经济性优势进行了实证验证。

在德国联邦政府层面，联邦审计署在2009年发布了一份关于在联邦公路建设中采用PPP的评估报告，指出有关部门并没有对其经济可行性进行合理的分析，其所谓的经济性分析所依据的数据都已过时，且很多重要因素没有被列入考虑范围。例如，私营投标者预期的交通流量是远高于德国联邦交通部估算量的，若联邦交通部的估值是正确的，那么参与项目的私营经济主体就存在破产的危险；若私营投标者的估值是正确的，那么PPP的实行在经济上是得不偿失的。再例如，运营路段公私之间划分很不合理，因为由私营部门运营的路段太短且很容易对其他由公共部门运营的路段造成干扰。

在德国地方政府层面，巴符州审计署和巴伐利亚州审计署对本辖区内的PPP项目经济效率进行过评估。巴符州审计署对6栋高层建筑PPP项目进行了测算，发现只有不到3%的净值优势，只有一个项目因为有其特殊性而达到了10%，而其他项目不但没有明显的优势，有些甚至与传统方式相比还存在劣势。该报告还指出，使用PPP进行项目建设很难实现两位数以上的效率优势。而事实上，根据经济可行性分析的结果，其相比于传统方式的效率优势仅为3%~5%。巴伐利亚州审计署则对两个州内道路建设试点项目进行了调查。根据该调查结果，项目决策者在对传统方式和PPP 进行经济性对比分析后，错误地得出了不利于传统项目建设方式的结论。该调查显示，两种方式的成本核算的假设前提条件是不同的，因此才会使PPP在建设和维护成本上显现出优势。而传统方式在融资成本方面占据极大的优势，因为公共部门通常能获得比较优惠的再融资条件。总体来说，使用传统方式进行项目建设比较有利。

3. 德国PPP案例：卡塞尔–卡尔登机场

（1）背景介绍

在20世纪90年代，两德统一之后的航空客流量日益增加，促使一些位于东西德的本地体育用小型机场和废旧军用机场被开发、扩建成区域性的空港。区域性的空港一方面可以成为交通集群中心以推动地区经济发展，另一方面可以缓解国际空港日益增加的运力压力。因此，一些著名的机场运营公司，例如靠近卡塞尔-卡尔登的国际航空公司——法兰克福机场集团，在20世纪90年代末就为这类区域性机场的建设和运营提供支持。由于经济、环境的复杂性和必要的长期规划，要想激励私营投资者主动投资区域性机场几乎是不可能的。然而，上述情况由于全国性大航空公司们越来越浓厚的参与兴趣而发生了实质性变化。

卡塞尔-卡尔登机场是德国第一个运用PPP建成运营的区域性机场，始建于1971年，由体育用小型机场改造而成，自1991年以来采用PPP运营至今。卡尔登市大约有8 000名居民，靠近拥有200 000名居民的黑森州卡塞尔市的中北部。由于德国的统一，区域性机场的发展就像工业园一样，展现出越来越大的潜力。卡塞尔-卡尔登的地理位置处于“德国的心脏”，该区域在物流、运输以及相关行业展现出越来越大的经济潜力。要想将卡塞尔-卡尔登机场从一个小型机场扩建成一个具有国际竞争力的区域性机场，大约需要投入1亿~2.55亿欧元（在20世纪90年代初的估算值）。

（2）项目方案

估算投资额取决于是简单的扩建机场还是对机场的软硬件进行全方位升级。方案A就是简单地将现有跑道从1 670米加长到2 500米。在所有方案中，方案A最易导致机场给附近居民带来严重的噪音污染。方案B的可行性研究显示，在20世纪90年代初的技术条件下，该方案的造价是最为昂贵的。方案C是方案A和方案B的折中，因此受到了机场管理层的青睐，但方案C当时还有待地理学可行性研究结果的确认。更长跑道建造计划在各种扩展方案中被讨论，是出于展开旅游包机业务之后起降更大的机型这一考虑。除了货运业务，旅游包机预计是黑森州北部区域机场最重要的业务板块。

（3）项目结构

卡塞尔机场有限公司自1991年投入运营以来，私营部门与公共部门平等联合持股，公共部门就是卡塞尔当地政府，私营资本由随时可以退出/替换的“沉默”私营投资者提供。德国PPP之所以选择沉默合作伙伴协议，是因为这种PPP架构可以将风险和投资的分配对等而不需要再过于纠结合同细节（导致经济效率降低）。自1995年以来，卡尔登的市政府和卡塞尔的县乡政府开始入股卡塞尔机场有限公司。2/3的公众股份被均分，然后用于在新的公共伙伴中流转。从2000~2003年夏，本地工商联席会取得了私营资本部分的“沉默”投资人席位。伙伴关系的这种变化是缘于悲观的短期甚至是中期回报预期——1999~2003年的预期年客运量最多为250 000人。从1991~2003年，面对7 500万欧元的投资，年度赤字从1991年的25万欧元减少到几乎预算平衡，但是正投资回报却一直没有实现过。支出比结构扩充所需更小的投资，用于更新现有的基础设施，主要是建筑内的安保设备和特种车辆，该项目依靠从1999年以来由欧盟和黑森州政府共同提供的340 000欧元资助。这笔款项不能用于机场结构扩充支出，原因是空港工业园对区域交通集群发展起着重要的作用。

对于方案C的持续延展受到了法拉克福机场集团的认同。到了20世纪90年代末，当地主要的政治家和商业协会也对扩建方案进行了投票表决。一个强化版公私合作督导委员会在1999年成立，它由卡塞尔机场有限公司、工商联席会、市政府、县乡政府、省级政府、法兰克福机场集团和部分黑森州北部的重要机构组成。

自该督导委员会成立以来，基于其特有的权力架构，这种机场管理模式可以被定性为公私伙伴与公民合作的“三角关系”。为了遵守航空管理的国际标准，机场扩建的公共区域分区程序从2002年1月开始，按计划应该在2003年年底完成。对于环境标准，尤其是与欧盟和德国联邦政府提出的动植物和鸟类栖息地保护条令相关的环境要求，扩建计划都予以了考虑。

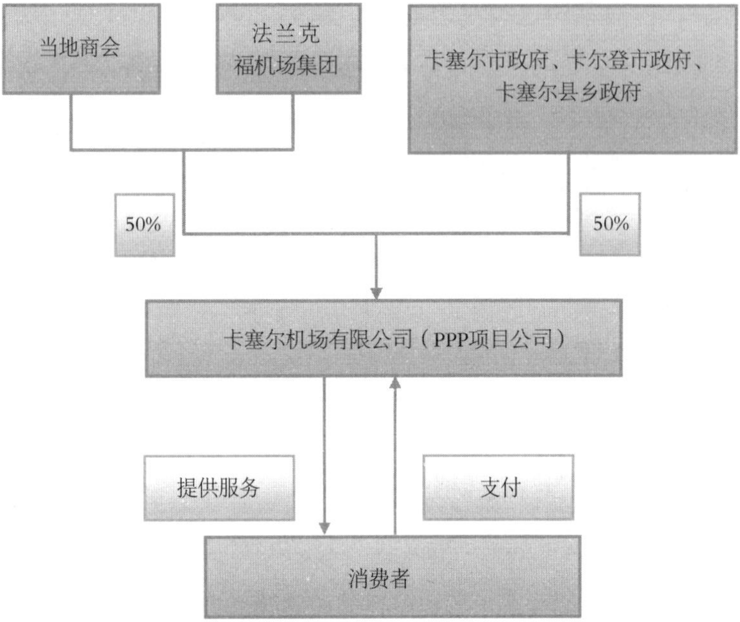

图 3–2　卡塞尔－卡尔登机场项目结构图

（4）项目运营

项目审批程序——大约需要两年——只需要等卡塞尔机场有限公司在 2004 年决定进行扩建即可展开。2003 年夏，当地工商联席会向黑森州政府出让了股份。此次转让的原因是私营部门内部治理受到长期金融风险与自身业务关联的限制。黑森州政府投资机场运营的参与计划其实也是暂时的：法兰克福机场集团表现出接手卡塞尔－卡尔登机场私营投资部分股份的兴趣。而法兰克福机场集团本身是一家国有股权占大多数的股份制公司。

在卡塞尔–卡尔登机场作为区域性或者支线机场的未来发展规划方面的缺陷也值得关注。尽管在组织架构上由两个政府部门和一个私营投资方（由当地非政府组织资助）组成了联合体，但是勤勉、复杂的成本—收益分析和竞争性分析开展得还不够。卡塞尔–卡尔登机场与方圆200千米以内的帕德博恩机场、汉诺威机场和法兰克福机场之间的潜在市场竞争并未得到很好的评估。对机场未来扩充的投资估算、客流量估算均是粗糙的：投资额区间为1.2亿~5亿欧元，年均客流量区间为78万~146万人次。

（5）项目经验

第一，为了在运输领域成功实施PPP，必须进行认真负责、设计精细的成本收益分析和竞争分析，这才能保证在没有公共财政补贴的情况下项目的长期生存能力。在进行竞争分析的时候，不仅要考虑更广泛区域内交通集群的分流效应，还需要以发展的眼光进行规划。

第二，持久和一致的伙伴关系对于项目所有权经营极为重要，也给项目将来的进一步发展提供了机遇。

美国PPP介绍

1. 美国PPP回顾

PPP作为一个专业术语最早出现在美国，最初专指公共与私营部门联合为教育项目筹资，在20世纪50年代，扩展到为公共事业筹资，到了60年代又扩展到城市改造，但在众多历史原因的综合作用下，美国PPP的发展并不一帆风顺且不像在其他领域一样居于世界领先地位，因此现代意义上的PPP架构未能在美国诞生（如前所述，现代意义上的PPP架构诞生地为英国）。

美国开始进行现代意义上PPP的尝试时间要晚于英国，其时间跨度为20多年，即从20世纪90年代初企业家政府理论引领的新公共管理运动至今。美国将众多的法律条款内置于城市基础设施PPP实行的整个过程。

2. 美国PPP改革

在监管体制上，美国州政府是通过设立综合性产业监管机构，对多个相关领域行使监管权，而联邦政府则对特定产业设立监管机构分别行使监管权，其权力由国会赋予。法律规定独立监管机构可同时行使立法权、行政权和司法权，州级监管权力通过设立州公用事业监管委员会独立行使。

针对上述情况，布鲁金斯学会与洛克菲勒基金会于2011年联合发表研究报告，建议美国政府成立PPP主管机构，促进PPP推广，建立以结果为基础的项目选择过程，保护公众利益。2012年，美国著名智库国际战略研究所在调查分析了英国、德国、法国、荷兰、爱尔兰和挪威等6国最近10年PPP的发展情况后发布研究报告，题为“PPP要后来居上”，提出利用私营部门进行基础设施建设。

美国总统奥巴马在2013年年初出席迈阿密港隧道项目开通庆典，他在发表演讲时提出了“重建美国的合作”设想，借助PPP该项目推动全美范围内公共部门与私营部门的合作，改造政府提供公共物品的方式，并提供更多的就业机会，振兴美国经济。奥巴马建议成立PPP基金会，引导社会资本参与公共物品提供，并且在公共项目选择的时候超越党派纷争，切实造福美国社会；他还建议发行“美国快速前进债券”新型基础设施融资计划，以低廉的成本为公共基础设施项目筹集长期资金。

3. 案例：美国佛罗里达州I–595高速公路项目

（1）背景介绍

佛罗里达州I–595高速公路项目总投资16.74亿美元，包含对长达10.5英里[①]的I–595干道的重建、拓宽、路面重新铺设等工程。

1992年，安德鲁飓风导致相当数量的迈阿密–戴德县居民迁往相邻的布劳沃德县定居，使得布劳沃德县在两年内增加了大约20万人口，因此，布劳沃德县境内的I–595高速公路变得非常拥堵。此次扩建就是为了增加I–595高速公路的交通容量。

① 1英里=1.61千米。——编者注

传统上，佛罗里达州的大型基础设施的融资方式为现收现付制。这意味着在I–595高速公路的扩建工程的每一个阶段，只有等配套的公共资金充足到位时，工程才能推进。按照高达16.74亿美元的总投资金额计算，采用传统的现收现付制，I–595高速公路的扩建工程从开始到完成将长达20年。因而，仅有公共部门的参与，将无法有效地应对I–595高速公路上的严重拥堵问题。

（2）运营结构与股权架构

2009年3月，佛罗里达州I–595高速公路扩建项目的特许权被授予ACS基础设施发展公司，计划在2014年春天完成全部工程。

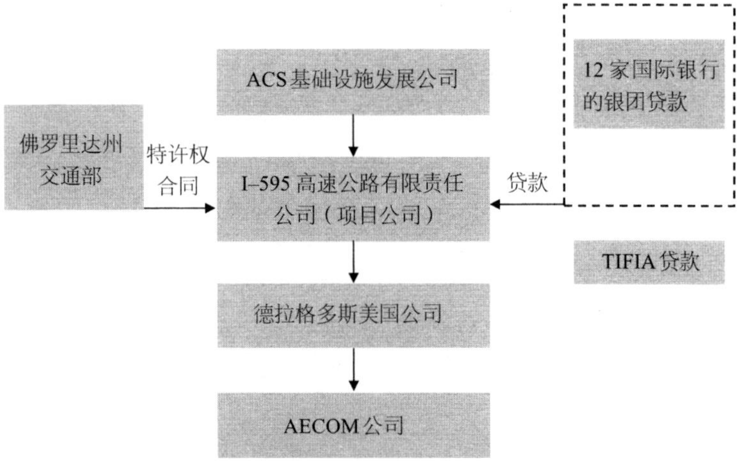

图3–3　佛罗里达州I–595高速公路项目运营结构图

项目公司为I–595高速公路有限责任公司，由ACS基础设施发展公司100%控股。德拉格多斯公司是ACS基础设施发展公司的母公司，是该项目的工程总承包商，其中设计部分分包给AECOM公司。

项目早期，该项目由于融资金额大，人们预期项目的资金将主要来源于私人活动债券，为起到激励作用，佛罗里达州交通部从美国交通部获得20亿私人活动债券的临时配额。然而，2008年金融危机爆发，使得商业贷款市场的运行突然中断，导致私人活动债券的融资成本极高。这使得ACS公司开始重新制订融资计划，并对再融资风险等重要因素进行了协商。尽管商业贷款的利息升高，但是TIFIA（交通基础设施融资与创新法案）贷款利率却随着美国国债利率的下降而下降了。最终，ACS公司确定使用TIFIA贷款的最大额度，在商业银行的要求下ACS公司增加了股本投入。最终的融资结构如下表所示。

表3–2　融资结构

融资渠道	金额	占比
特许经营权获得者	2.9亿美元	17%
无担保优先债务	9.5年期：5.25亿美元 10年期：2.56亿美元	47%
TIFIA贷款	6.03亿美元	36%
总计	16.74亿美元	100%

（3）风险分担

佛罗里达州交通部与ACS公司签订的特许权合同中，对公私两部门的责权利进行了明晰的划分：ACS公司负责按既定要求进行一系列扩建重建工程，若ACS公司按时在2014年保质保量地完成所有工程，则可以一次性获得6.85亿美元收入，竣工后，ACS公司将在剩余的特许权期间内每年获得659万美元，由佛罗里达州交通部按可用度付款（根据通货膨胀率进行调整）；佛罗里达州交通部承担支付义务的同时，拥有收费与定价的权利。根据上述责权利的划分，佛罗里达州交通部与ACS公司也承担不同的风险。

市场风险——政府部门承担。政府部门在享有收费与定价权利的同时，也承担了市场风险，如果实际的交通车流量不及预期，那么就无法获得预期的收益。

工程建造风险——私营部门承担。工程是否能按要求（保质保量按时）完成工程建造，直接关系到获得特许权的私营公司能否获得预期的收入。

违约风险——私营部门承担。项目中的贷款均是由私营公司作为借款方借得的。一旦工程不能按照要求完成，则无法获得预期的收入，进而可能导致无法及时偿还贷款，产生违约风险。

（4）项目经验

佛罗里达州I–595高速公路项目因为引入PPP而顺利竣工，与仅仅由公共部门投资建设的传统方式项目相比，竣工时间提前了大约15年。从这个项目中，我们可以获得如下经验。

第一，再谈判的重要性。为应对金融环境的变化，项目各参与方愿意重新分配信用风险，这对于项目融资的完成非常重要。

第二，支付结构的灵活性。佛罗里达州交通部采用按可用度付款的方式，降低了特许权获得者的信用风险。ACS公司在按时保质保量完成工程后可以获得数额可观的一次性收入，形成了良好有效的激励机制。

第三，公共资金的支持。TIFIA的反经济周期的借款政策使得贷给基础设施建设项目的长期贷款利率是企业可以承受的。TIFIA贷款可以稳定项目的融资成本，因此银行能够保持向项目公司提供相同金额的银行贷款的意愿，使得金融危机时，ACS公司能够从利率高企的债券市场转向融资成本更低的银行借贷市场，从而保障了PPP项目的顺利进行。

第四，按绩效支付。佛罗里达州I–595高速公路是美国首条采用“按绩效支付”特许模式的收费公路，该公路的收费不是特许的一部分，所收费用归政府保管，政府按绩效向特许公司支付报酬。其目的是为了规避私有化带来的政治和社会风险，“按绩效支付”特许已经逐渐成为西方市场经济国家收费公路的发展趋势。

日本PPP介绍

1. 日本PPP概况

日本是亚洲率先以法律的形式开展PPP项目的国家，自从1999年7月颁布《PFI推进法》以来，日本政府出台了一系列法规、政策，其中涉及物有所值指标的计算、评审委员会的组建、契约的规范化和评估工作的透明度等诸多方面，确保PPP项目前期的各项工作有章可循。据研究，截至2009年8月，日本已经有78个PPP项目在契约签订之前中断，占全部PPP项目的1/5左右，说明了日本政府对PPP项目前期工作的重视程度和谨慎的工作态度。在世界范围内，日本是PPP项目发展较早且管理比较规范的国家之一，其PPP项目契约前中断的影响因素对其他国家具有相对广泛的参考借鉴意义。①

2. 日本PPP经验

和欧美相比，日本PPP有以下三个特点:（1）日本私营部门在PPP项目的早期阶段较少参与设计和规划;（2）由日本政府方承担的风险较多;（3）日本主要是政府与企业合作，较少涉及政府与非营利性组织等不同群体合作。

① 李晨宇，李学军，胡振．公私合作（PPP）项目契约前中断的影响因素研究——以日本案例为研究对象．建筑经济，2015-3（45）．

日本为了推进PPP的顺利进行，陆续出台了《PFI法》、《PPP/PFI彻底改革推进计划》等法规和政策，并且在教育、交通、医院等领域都出台了相应的法律来确保PPP项目的运行。①

日本有专门的PPP人才培养和资格认证机构。日本东洋大学于2006年在经济学研究系开设PPP专业，培养PPP专业硕士。课程主要包括“城市管理”、“PPP商务”和“世界PPP”。2008年，东洋大学设立PPP研究中心，在PPP专业的毕业生中，对有志于及有能力通过PPP研究解决经济社会具体问题并有所贡献的学生授予PPP研究中心“研究伙伴资格”。该资格是目前日本关于PPP的唯一资格认证。这些都为日本PPP的发展提供了人才和智力支撑。②

3. 案例：日本东京湾跨海高速公路项目

（1）背景介绍

东京湾跨海高速公路全长15.1千米，横跨东京湾，由连接神奈川县川崎市和千叶县木更津市的海底隧道、桥梁组合构成。它与东京的湾岸道路、东京外环道路（中央环状线）、首都圈中央联络自动车道，以及放射性干道——东名高速公路、关越自动车道、东北自动车道以及长磐、东关汽车专用道组成了东京

---

① 井敏．PPP模式的国际经验．学习时报，2016–01–04，第5版．

② 孟春，王景森．借鉴国际经验完善我国PPP机制．经济研究参考，2014–36：5–8.

地区干线公路网。

东京湾跨海高速公路对于连接京滨地带（东京和神奈川）与千叶县具有重要作用。京滨工业地带为日本国内第一工业地带，人口不断增加，并且城镇化程度高；千叶县依然保留良好的自然环境，具有很大的城市开发的潜力。道路建成后，千叶县将成为东京市民娱乐消遣的好去处，同时，千叶县可以成为东京市在未来城镇化进程中的替代区域。按照原计划，东京湾跨海高速公路的作用还包括缓解东京市内的交通拥堵状况，然而，直至当前，东京的环城公路网络依旧没有完全投入使用，因此，这部分功能尚未得以发挥。

20世纪60年代，日本政府着手进行东京湾跨海高速公路建设的可行性研究，并计划采用PPP，推进公私合营。然而，直到1986年PPP得到了日本绝大多数人的理解与支持，该项目才得以实施，东京湾横断道路株式会社——一家公私合营公司成为项目公司。

虽然该项目的计划与可行性研究主要由日本政府完成，但是，我们仍将此作为一个PPP项目案例进行分析，因为PPP投资在项目中发挥了重要的作用，私营部门的优势得以成功发挥。

（2）运营结构

在项目公司——东京湾横断道路株式会社成立之前，日本高速公路公司承担了项目建设的研究与设计工作。东京湾跨海高速公路于1989年动工，1997年竣工。日本高速公路公司负责基础研究与设计工作，项目公司负责具体的设计和实际建设工作。该项目的建设资金来源如下表所示。

表3-3　资金来源

政府担保债券	政府预算（用于公路发展）	私营金融机构贷款	债券（政府提供担保）	股份
5 837亿日元（58亿美元）	3 750亿日元（37亿美元）	1 752亿日元（18亿美元）	2 145亿日元（21亿美元）	900亿日元（9亿美元）

在偿还贷款方面，虽然没有直接给予项目债券担保，但是为项目提供的债券最终都由日本高速道路保有·债务返济机构分期偿还。该机构是独立行政法人，于2005年成立，目的在于持有日本的交通设施，并偿还建设日本交通设施产生的贷款。

（3）风险分担

①信用风险——行政机构

从金融机构的视角来看，对于信用风险，该项目的债务偿还都可以视为依赖于日本高速道路保有·债务返济机构的信用。

日本高速道路保有·债务返济机构是日本中央政府组建的一个独立的行政机构，作为日本全国所有的高速公路资产及负债的控股公司。日本高速道路保有·债务返济机构将高速公路租赁给6个私有化的企业，用租赁款项偿还债务。高速公路公司运行和管理那些高等级公路资产，收取通行费，用以支付租赁款项，同时负担运行维护费开支。

必须补充一下，日本高速道路保有·债务返济机构是在日本政府2005年左右启动的私有化进程中诞生的，目的是：第一，产生足够的收入偿还累计达400 000亿日元的全国高速公路债务；第二，建设民众真正需要的高速公路，尽量减少普通民众负担；第三，在高速公路公司管理中引入私营企业的经营效率，以降低提供高速公路服务的成本。日本高等级公路总公司实现了私营化，并且被拆分为三个高速公路公司，同时其他三个国营企业也进行了私有化。

②市场风险——中央政府承担

不同于一般的PPP项目，该项目的市场风险是由（中央）政府承担的。在项目发展初期，根据预估的交通流量设定了收费标准，依据设定的收费标准，该项目的运营收入是能够覆盖所有的建设费用的（资金回收周期长达40年）。然而，当公路正式投入运营时，公路的收费标准不得不根据不及预期的实际交通流量下调，减少为原先设定的收费标准的1/5，甚至连某些地方政府（例如千叶县）也欠下了部分道路通行费用（地方政府所属的公务车辆通行时跟普通车辆一样必须缴费）。不过，无论如何，所有的债务最终都由日本高速道路保有·债务返济机构承担，所以，可以视为最终的市场风险由中央财政承担。

（4）经验与教训

引入PPP对于使用了当时最先进技术的东京湾跨海高速公路的建成还是起到了不可替代的作用：第一，有利于引进私营部门的高效管理；第二，引入私营投资，节省公共资源；第三，有利于鼓励高速公路沿线的地区经济发展。

从成本与收益上看，该项目不能算作成功，因为总工程费用相当高昂，约投入了14 409亿日元，但未能发挥预期带动人潮的作用，前期设计车流量与实际情况相去较大，实际收费标准较预算大幅缩水，而且昂贵的通行费进一步降低了通行人数，以致资本回收遥遥无期，项目收不抵支，引来各界批评。

澳大利亚PPP介绍

1. 澳大利亚PPP概况

在澳大利亚，已经有若干公共基础设施基金在证券交易所上市。尽管澳大利亚是英联邦成员国，但其PPP的发展一开始并不像英国那样由中央政府统领，而是各州各自为战。澳大利亚的PPP最初应用于基础设施建设领域，由投资者成立一个专门的项目公司，项目公司负责与政府就融资与受益进行协商，并针对工程的设计、建设和运营签订项目协议。为了促进经济增长以带动当地就业，澳大利亚地方政府在PPP推广过程中，不断加大私营部门参与的广度和深度，理所当然地将更多项目建设风险和运营风险交给了项目公司承担，使得私营部门承担的风险与同期收益不匹配，导致了部分PPP项目失败。鉴于上述情况，2000年以来，澳大利亚联邦政府开始对法律进行修订，制定特别法律，保障社会资本的权益，以增进私营部门对PPP的信心，推动PPP在澳大利亚的进一步发展。

在管理方面，澳大利亚成立了全国性的PPP管理部门，即澳大利亚基础设施建设局，其主要职能是协助政府制订基础设施开发蓝图，制订基础设施融资的规章，为政府、投资人和基础设施拥有人提供咨询服务，以统筹和指导PPP在澳大利亚的发展。澳大利亚基础设施建设局可以通过基础设施和运输部向澳大利亚议会提交年度报告。

3. 案例：澳大利亚麦格理港基地医院

（1）项目背景

最初，该地区卫生行政部门制订了建立麦格理港基地医院的方案，以满足麦格理港地区不断增长的公立医院服务需求。在项目的概念阶段，该行政部门依照政府和财政部的理念，认为通过PPP建立麦格理港基地医院将提供一个工作模型，即为扩大私营部门公共卫生服务供给的模型。

对新医院的需求最大的是麦格理港退休疗养中心。老的黑斯廷斯区基地医院被认为无法满足麦格理港周边需求的快速增长。麦格理港基地医院的设立是为了满足这种日益增长的需求，并提供更高水平的医疗服务。

1978 年，新南威尔士州的工人党政府宣布，将建立一个新的公立医院取代旧的黑斯廷斯区基地医院。但是 10 年来没有任何进展。资金短缺与升级医院的需求之间的矛盾大大推迟了医院的建成。1988 年 3 月，该地区卫生行政部门制定了一个“开发控制计划”，并建议在一个新地点建立一个有 219 个床位的医院。1991 年 8 月，新南威尔士州卫生部部长汉纳福德提出麦格理港基地医院可以作为私营基础设施提供可能的场所。

（2）项目概况

麦格理港基地医院对于新南威尔士州医疗服务业具有里程碑意义。政府的角色从传统的医疗服务提供者转变为医疗服务购买者。作为第一个PPP医院的尝试者，麦格理港基地医院在很多方面具有创新性。例如，项目将资产的所有权授予了私营财团，同时私营运营者需要提供核心的临床服务。项目所在地政府与私人财团之间建立了一个合同体系，私人财团包括：所有者，麦格理港基地医院企业有限公司；金融机构，国民西敏寺澳大利亚银行有限公司；金融外包商，澳大利亚汉布罗银行；承建商，弗莱彻建筑公司；私营运营商，澳大利亚卫生保健公司。医院选址在现有的公立医院黑斯廷斯地区基地医院。麦格理港基地医院有限公司将医院的建筑租赁给澳大利亚卫生保健公司。澳大利亚卫生保健公司运营该医院并在麦格理港口地区提供公共和私人卫生服务。汉布罗银行负责融资安排，并提供了49%的资金。国民西敏寺提供51%的资金与大部分发展基金。政府作为卫生服务监管机构，并扮演一个新的角色——澳大利亚卫生保健公司公共卫生服务的购买者。

1993年8月，建设者弗莱彻建筑公司开工建设。医院于1994年11月完工。梅恩集团于2003年10月提出出售其包括麦格理港基地医院在内的整个澳大利亚医院业务给另一个私人财团。2004年4月，新南威尔士州政府开始针对梅恩集团向亲和健康（私人购买财团的一部分）变更麦格理港基地医院合同展开法律诉讼。2005年1月31日，澳大利亚政府以3 500万美元的价格回购该医院。

（3）经验启示

麦格理港基地医院案例揭示了策略层面缺乏长期系统的思维与理念、动力等问题及其表现形式。公共和私营部门之间的目标冲突和不明确的战略导致了预料之中的结果，即运营者试图最大化自己的利润，没有提供一个令人满意的社区卫生设施。

通过上述分析，我们不难发现，麦格理港基地医院项目并不是由为提供更好的病人护理服务、提高医疗服务或使纳税人的钱物有所值等目标推动的。它是为了让私营部门提供原本由政府负责的公共卫生服务而成立的项目。然而，两个部门之间的利益偏差，以及缺乏经验的私营部门提供公共卫生服务，意味着其失败要以纳税人的成本为代价。麦格理港基地医院同样未能达成指定经济效率这一战略目标。出现这样的结果是由于政府认为私营部门先天更具效率。而这一点又必须加上政府的过度干预，以使债务脱离公共部门的资产负债表。受到资金的限制，政府别无选择，只能推动引入私营资本以提升该地区医院服务水平。因此，它们忽略了对于护理质量的长期考虑。而私营运营商实现无约束的利润最大化目标与带有公益使命的政府角色不相容。在地方层面上，运营者只关心如何节约成本，因此影响了服务质量和社会福利。麦格理港基地医院提供了进一步的证据支持这一结论。在这个案例中，三个层级的政府相互妥协形成了一体化的治理系统，其目标冲突是导致项目最终失败的主要原因。

麦格理港基地医院的教训表明，战略目标的实现在很大程度上依赖于政治体系中三个不同层级利益的统一，而不是让某一层扭曲其他层的目标。鉴于私营部门有与政府目标完全不同的营利目标，利益的统一是不可避免的问题。对于似乎天生具备不同目标的双方而言，只有共同合作才能获得成功。这需要了解彼此的业务，合同的性质，对于它们如何才能一起达成结果有共同的认识。监管将使得每个级别的政府具有更大的责任，并防止被误导的目标的实现。这项任务不仅需要持续关注合同管理问题，而且需要关注公共和私营部门之间的关系应如何发展。

牙买加南北高速公路项目

1. 背景介绍

1999年，牙买加政府发起公路2000项目（下文简称为H2K项目），建设连接首都金斯敦与其他人口聚集城市的高速公路。H2K项目是牙买加政府用以加强基础设施建设，促进经济发展的长期计划。

牙买加南北高速公路是H2K项目中的基础设施项目之一，该项目连接首都金斯敦和牙买加旅游中心奥乔里奥斯。公路建成后将有效提高沿线交通运输服务水平和运输保障能力，为沿线旅游资源、矿产资源、土地资源的开发利用创造良好条件，进一步促进当地旅游业、物流业和工业发展，同时为牙买加提供11 900个工作岗位，促进牙买加民众就业，从而大大有利于牙买加的社会与经济发展。

牙买加南北高速公路原计划由布依格公共工程公司承建，但是由于地质勘探不到位、对建设中遇到的困难准备不足，导致建设因超出预算而暂停。布依格与牙买加政府在就增加投资的会谈上无法达成一致。最终，中国交建（中国交通建设股份有限公司）与牙买加政府签署牙买加南北高速公路BOT项目特许经营协议，标志着中国企业在境外基础设施特许经营投资领域迈出了实质性步伐。

2. 运营结构

牙买加南北高速公路全长65.19千米，路线拟采用全封闭、全立交4车道高速公路标准，设计时速80千米。该项目采用国际通行的特许经营项目管理架构和融资模式。

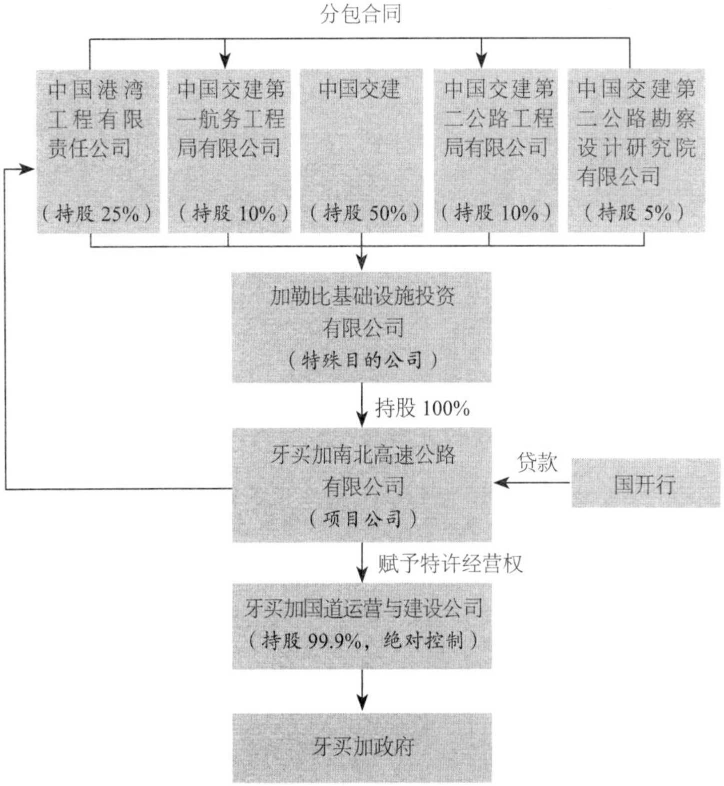

图3-4 牙买加南北高速公路项目运营结构与股权结构图

项目公司——牙买加南北高速公路有限公司，是该项目的运营方与贷款方。牙买加政府授予该公司50年特许经营权，承诺建立令人满意的收费与定价机制，进行税收减免，并承诺在特许经营期间，在H2K项目的公路车流量饱和前，牙买加政府不会再建设新的具有竞争性的公路、铁路、轻轨，或改善现有的公路。沿路辐射5平方千米的经营性土地由项目公司单独进行开发，并享有其经营收入。

项目的建设由中国港湾工程有限责任公司总承包，并分包给中国交建第一航务工程局有限公司、中国交建第二公路工程局有限公司与中国交建第二公路勘察设计研究院有限公司。

公路的所有权归牙买加国道运营与建设公司，该公司由牙买加政府设立，隶属牙买加交通劳工部，负责国内公路的建设与运营。

项目的贷款全部由国开行提供。2013年8月27日，项目公司与国开行签订了长期的贷款合同，规定资本基金与贷款的匹配比例为1 ∶ 3。项目的资本基金为1.5亿美元，进而配套的贷款为4.255亿美元与2亿元人民币。整个贷款期限为20年，包括三年的宽限期（含建设期），还款期为2017~2033年，还款利率约定为当年的6个月伦敦银行同业拆放利率加上460个基点。

3. 风险分担

政治风险——政府部门承担。政治风险可能会危害资产的安全性，例如，政权变更导致牙买加解体，新政府拒绝承认原先的债务与项目合同。

市场与运营风险——项目公司承担。市场与运营风险可能会影响项目的运营。公路的车流量与收费标准不及预期、借款方管理不佳、管理成本的增加、自然灾害等不可抗力，都属于市场与运营风险。

利率与汇率风险——项目公司承担。利率与汇率风险的产生是由于在长达20年的项目工程期间利率与汇率的巨大不确定性。

建成风险——项目公司承担。建成风险是指可能会影响工程的及时建成的因素，例如复杂的地质条件、当地公司工作进度缓慢、土地征用与拆迁的进展缓慢和土地征用的不连续性。

4. 项目经验

牙买加南北高速公路采用PPP，解决了当地政府财政实力不足的问题，成功兴建起连接首都金斯敦和牙买加旅游中心奥乔里奥斯的高速公路。该项目目前已经投入运营，促进了当地经济的发展。同时，项目目前也面临着一些问题。总体来说，从该项目中，可以总结出以下经验。

第一，重视风险评估，尤其是海外PPP项目。牙买加南北高速公路原先由布依格公共工程公司承建，但是由于勘探问题未能完工，最终，该项目由中国港湾工程有限责任公司接手，以BOT的方式进行建设与运营。

与国内项目相比，海外项目有更大的不确定性，例如政府批准、工程勘探、土地征用与拆迁、成本控制、当地立法等。

因此，项目早期进行全面而充分的风险评估非常重要，可以采取国内专家前去项目所在地考察的方式进行。

第二，牙买加的BOT法律制度值得学习。牙买加采用英国的立法框架，建立了完善的法律制度。高速公路的特许权由收费公路法案进行了规定，要求高速公路的特许合同应当提交牙买加交通劳工部进行审核，经议会内阁同意后方能生效。其他相关法规包括《道路交通法》和《主要道路法案》。一个经济体的法律制度，尤其是关于PPP的法律法规，将极大地影响PPP项目参与者的利益是否能得到保障。中国只有关于PPP的行政规定，处于低法律位阶，并且不够专业。因此，牙买加的法律体系是值得我们学习的。

第三，国内企业能够借助PPP向海外市场扩张。对于国内企业而言，牙买加H2K项目中的南北高速公路项目是由中国港湾工程有限责任公司，甚至中国交建完成的第一例海外公路投资项目。该项目的成功将帮助中国企业拓展新的商业视野，扩张海外市场，并进一步进入更多的商业领域，证明了运用PPP向海外市场扩张的可行性。

我们的观点：对国外PPP制度的思考

国外的PPP发展与实践有值得我们学习的经验，包括共赢的理念、合理的风险分担机制、健全的法规法律、专业化的人才和全方位的参与式管理等。

第一，PPP发展与实践的诞生是生产关系适应生产力发展的微调结果。PPP诞生于发达国家是历史的必然，在发达国家经历了低效率的公共财政干预经济导致的“政府失灵”和自由放任的社会资本引发的“市场失灵”之后，公共财政与社会资本终于突破各自的局限，实现了两大资源的跨界融合，促进多方利益诉求的和谐与共赢。

第二，有效的PPP制度是在符合本国国情的基础上生长出来的。不同国家有不同的历史、人文、社会、法律、经济背景，简单移植、照抄照搬他国经验难以取得成功。例如，在诸多领域引领世界发展潮流的美国，PPP却并未成为一种典型的公共物品提供解决方案；再如，在以商业银行为金融体系主导的德国，PPP实践也未能体现出理论预期中应有的经济效率。

第三，PPP项目的成功实施需要各个利益相关方信守契约精神。政府希望控制融资成本并提供品质良好的公共物品，社会资本则希望利润最大化，二者各自的激励约束机制难以说是相同的。只有当政府和社会资本都拥有极强的契约精神，以命运共同体为信念，才能共同承担PPP合同中未能详细规定而临时突发的意外成本，形成持续、长久的合作关系。

第四，PPP是一种政府治理模式的改革。从标准化的政府采购，到保障房、地铁、机场等大型非标准化基础设施建设，PPP均可以适用，传统的条块化政府职能划分显然无法适应这种变革。PPP模式强调的全生命周期管理，促进了政府对内进行行政改革，对外提升社会治理能力。

第五，PPP可以与“一带一路”战略相结合。中国经济的崛起必然要“走出去”积极参与国际竞争与国际合作、构建新的国际秩序、寻找中国国家利益与沿线国家利益，“一带一路”作为中长期国家战略，是最大公约数，对内促进中国产业结构升级，对外扩展新的市场空间。中国企业作为社会资本方参与非洲、南美等第三世界国家的基础设施建设，早已积累了丰富的经验，即PPP中的公（public）从中国政府延伸为国外政府，私（private）从国内社会资本延伸为中国企业，“一带一路”战略一样可以借鉴PPP。

第四章

PPP与政府投资基金

概念

政府投资基金

根据财政部的定义，狭义政府投资基金是指由各级政府通过预算安排，单独出资或与社会资本共同出资设立，采用股权投资等市场化方式，引导社会各类资本投资经济社会发展的重点领域和薄弱环节，支持相关产业和领域发展的资金。

广义政府投资基金是指在上述狭义政府投资基金之外，还包括另一种类型的投资基金——地方政府发起，但政府对项目建设期不出资或者少出资，并承担显性或者隐性义务（在项目运营之后对社会资本投资方进行收益补贴等安排）。

本章我们要讨论的是广义政府投资基金。

政府引导基金

政府引导基金是政府投资基金的一种。政府引导基金是由政府设立的政策性基金，其发挥引导作用的机制是引导社会资金进入产业投资领域，而非直接从事产业投资。从地方政府出台的相关文件和政策来看，政府引导基金并不强调盈利这一目的。

在财政部《政府投资基金暂行管理办法》（财预［2015］210号）文件出台之前，官方使用“政府引导基金”的说法较多，但在该文件发布之后，官方定义已经统一为政府投资基金。

政府性基金

鉴于金融机构在实操中存在第三类“政府基金”概念的混淆，有必要在此进一步将概念厘清。

根据国务院1996年相关规定，政府性基金是指各级政府及其所属部门根据法律、行政法规和中共中央、国务院有关文件规定，为支持某项公共事业的发展，向公民、法人和其他组织无偿征收的具有专项用途的财政资金。

1996年国务院发布的《关于加强预算外资金管理的决定》（国发［1996］29号）最早提出这一概念，是全口径政府预算组成部分之一。全口径政府预算分为4部分：一是公共财政预算，二是政府性基金预算，三是国有资本经营预算，四是社会保险基金预算。政府性基金在我国是仅次于税收的第二大财政收入来源。

至此，可以清晰地看出，政府性基金是财政的收入端概念，完全不同于本书的研究对象——财政支出端的政府投资基金，故而，不被纳入本书研究范畴。

分类

按财政出资层次

按财政出资层次分类，政府投资基金可以分为国家级政府投资基金和地方政府投资基金。

国家级政府投资基金的典型模式为财政部代表中央政府直接发起，联合政策性银行、商业银行、大型央企等机构共同出资设立。从中央财政资金的运用角度来看，它实质上就是一个预算安排。已经设立的国家级政府投资基金有：国家中小企业发展基金；PPP引导基金、清洁能源基金等。

地方政府投资基金的典型模式是地方政府财政/工信/发改委/民政/旅游/文化等职能部门发起，最终由地方政府安排本级政府预算，财政部门出资设立。

特别要提醒的是，本章所提到的“地方”一律指省、自治区、直辖市、计划单列市四类财政上直属中央政府的地方政府。地方政府投资基金代表性案例有：重庆产业引导基金、浙江省转型升级产业基金等。

结构分类

按结构分类，政府投资基金可以分为单一基金和母子基金两种形式。单一基金模式直接对接单个或者多个项目进行股权债权投资；在母子基金模式（即投资于基金的基金，其与一般的基金不同，是以股权投资基金作为投资对象的特殊基金）下，母基金不对接具体项目，主要承担筹集资金、对子基金出资等职责，通过与一般合伙人合作成立子基金从而将资金投入众多子基金，子基金直接对单个或者多个项目进行股权债券投资。

按投向分类

第一类是支持创新创业、支持中小企业发展、支持产业转型升级和发展的支农等产业基金，例如：厦门市产业引导基金、石家庄旅游产业引导股权投资基金、四川省农产品流通发展基金等。

第二类是支持基础设施和公共服务领域的城镇化基金，例如：湖南省铁路投资基金、海口市棚户区改造基金等。

按组织形式分类

按组织形式分类，政府投资基金可以采用公司制、契约制和有限合伙制。公司制或者契约制适合投资人对风险要求相同的资金，例如中信银行自有资金或者合作保险公司的资金。有限合伙制适合投资人对风险要求不同的资金，一般采取优先/劣后分层架构模式，中信银行理财资金、保险资金、社保资金只能作为优先级，政府财政资金作为劣后级。

思路、政策与作用

总体思路

财政部部长楼继伟（2015 年 12 月 3 日）提出了总体思路："贯彻落实党的十八大、十八届三中、四中、五中全会精神，坚持政策性导向、市场化运作、专业化管理，以明晰定位划清界限为导向，以构建科学的治理结构为核心，不断优化发展的外部环境，发挥财政资金撬动功能，促进政府引导基金健康发展，更加有效地带动社会资金推动实体经济发展，提高供给体系的质量和效率。"

相关政策

表 4–1　2015 年以前政府投资基金政策一览

法律法规	颁布时间	颁布单位	备注
《创业投资企业管理暂行办法》	2005–11–15	发改委、财政部等10 部委	规定国家和地方政府可以设立创业投资引导基金，通过参股和提供融资担保等方式扶持创业投资企业的设立与发展
《国家中长期科学和技术发展规划纲要（2006-2020 年）》	2006–2–7	国务院	提出要探索以政府财政资金为引导，政府性金融、商业性金融资金投资为主的方式，采取积极措施，促进更多资本进入创业风险投资市场
《关于促进创业投资企业发展有关税收政策的通知》	2007–2–7	财政部、国家税务总局	规定创业投资企业采取股权投资方式投资于未上市中小高新技术企业 2 年以上（含 2 年），凡符合条件的，可按其对中小高新技术企业投资额的 70% 抵扣该创业投资企业的应纳税所得额
《科技型中小企业创业投资引导基金管理暂行办法》	2007–7–6	科技部、财政部	规定引导基金通过引导创业投资行为，支持初创期科技型中小企业的创新和技术创新，其中创业投资引导基金阶段参股方式的启动对科技金融创新具有非常重要的示范意义
《关于创业投资引导基金规范设立与运作的指导意见》	2008–10–18	发改委、财政部、商务部	从 7 个大的方面明确了引导基金设立的性质和宗旨、设立和资金的来源、运作原则和方式、管理以及对引导基金的监管和引导、对政府引导基金各方面的问题都做出了规范性意见，为政府引导基金设立了一个法律基础

（续表）

法律法规	颁布时间	颁布单位	备注
《境内证券市场转持部分国有股充实全国社会保障基金实施办法》	2009-6-19	财政部、国资委、证监会、社保基金会	规定首次公开上市的含国有股份的股份有限公司，按照公开发行总股份的10%（但不高于国有股东实际持股数量）由全国社会保障基金理事会转持。为进一步提高国有资本从事创业投资的积极性，鼓励和引导国有创业投资机构加大对中早期项目的投资，促进我国创业投资事业的发展和科技创新目标的实现
《关于豁免国有创业投资机构和国有创业投资引导基金国有股转持义务有关问题的通知》	2010-10-13	财政部、国资委、证监会、社保基金会	对于符合条件的国有创投机构和国有创投引导基金，投资于未上市中小企业形成的国有股，可申请豁免国有股转持义务，以此促进我国创业投资事业的发展和科技创新目标的实现
《科技型中小企业创业投资引导基金股权投资收入收缴暂行办法》	2010-12-9	财政部、科技部	明确股权投资收入上缴中央国库，纳入中央一般预算管理
《新兴产业创投计划参股创业投资基金管理暂行办法》	2011-8-17	发改委、财政部	明确提出中央财政参股基金集中投资于节能环保、信息、生物与新医药、新能源、新材料、航空航天、海洋、先进装备制造、新能源汽车、高技术服务业等战略性新兴产业和高新技术改造提升传统产业领域
《关于促进股权投资企业规范发展的通知》	2011-11-23	发改委	指出集合资金信托、合伙企业等非法人机构的，应打通核查最终的自然人和法人机构是否为合格投资者，并打通计算投资者总数，但投资者为股权投资母基金的除外

（续表）

法律法规	颁布时间	颁布单位	备注
《关于进一步做好支持创业投资企业发展相关工作的通知》	2014-5-13	发改委	指出积极发挥创业投资引导基金作用，加快设立和完善创业投资引导基金，吸引社会资本设立创业投资企业，促进小微企业发展和结构调整

资料来源：根据历年政府相关文件搜集整理。

2014年5月21日，国务院常务会议明确提出，成倍扩大中央财政新兴产业创投引导资金规模，加快设立国家新型产业创业投资引导基金，完善市场化运作长效机制，实现引导资金有效回收和滚动使用，破解创新型中小企业融资难题。

2015年12月10日，财政部在其网站上公布《政府投资基金暂行管理办法》，站在顶层设计的高度开启了本轮政府投资基金设立高潮。这是国家层面对政府投资基金出台的里程碑式的文件。

该条例有几处关键点需要注意：第一，“由各级政府通过预算安排”，表明中央政府认可的政府投资基金中，一定是有政府出资的；第二，“财政部门根据本级政府授权或合同章程规定代行政府出资人职责”，同时地方政府财政部门也可以授权融资平台作为政府出资人代表，只要得到财政部门同意并使用了财政预算资金；第三，“政府可适当让利，但不得向其他出资人承诺投资本金不受损失，不得承诺最低收益”，这明确禁止了政府投资基金不得以回购形式融资。

政府投资基金的作用

财政部部长楼继伟2015年12月表示，加快发展政府投资基金是实施供给侧改革的重要举措，这是因为：从财政管理角度来看，政府投资基金可以提高财政资金使用效益，发挥好财政资金的杠杆作用；从行政管理角度来看，政府投资基金可以促进理顺政府间支出职能划分，形成新的财政资金投放的监管体系；从公共职能角度来看，政府投资基金可以发挥支持创新创业、支持中小企业发展、支持产业转型升级和发展、支持基础设施和公共物品购买的作用。政府投资基金在产业上突出支持实体经济，并加大对提高消费质量档次供给侧的支持力度。

政府投资基金的基本运作模式

运作原则

运作模式离不开运作原则：政府引导、市场运作，科学决策、防范风险。

设立主体

在较早的法规中，地市级以上人民政府有关部门可以根据创业投资发展的需要和本地财力状况设立引导基金。但《政府投资基金暂行管理办法》未对基金设立的政府行政级别进行明确规定。

发起程序

由本级政府的财政部门或财政部门会同有关行业主管部门报本级政府批准发起。

管理模式

根据《政府投资基金暂行管理办法》，财政部门不用参与基金日常管理事务，但是可以委托或者专设基金管理机构。委托管理是指将政府投资基金委托给其他专业管理机构管理，由专业管理机构负责政府投资基金的日常运营。专设基金管理机构是指地方政府成立金融控股公司，将政府投资基金打包放入金融控股公司，由金融控股公司进行日常管理。

资金托管

政府投资基金应选择在中国境内设立的商业银行进行托管。

托管银行依据托管协议负责账户管理、资金清算、资产保管等事务，对投资活动实施动态监管。

出资比例

《政府投资基金暂行管理办法》要求政府投资基金可以由财政单独出资或与社会资本共同出资设立，即出资比例最高可以达到100%，尽管出资额最低比例没有具体要求，但明确指出“各级政府通过预算安排”出资。

投资方式

《政府投资基金暂行管理办法》对于政府基金的投资方式仅使用了“采用股权投资等市场化方式”这一表述，在实操中，市场化投资方式有：参股投资模式、跟进投资模式、融资担保模式、阶段参股模式、风险补助模式以及投资保障模式等，其中前两种最为常见。

退出模式

政府投资基金中的政府出资部分一般应在投资基金存续期满后退出，存续期未满，但达成预期目标，可通过股权回购机制等方式适时退出。退出模式主要有两大类：参股投资退出模式、跟进投资退出模式。

资金来源分析

中央政府资金来源

国家级政府投资基金的政府方面的资金来源是中央财政出资，财政部通过中央一般公共预算、中央政府性基金预算、中央国有资本经营预算等安排资金。例如，国家中小企业发展基金由中央一般公共预算出资；铁路发展基金由中央政府性基金预算出资；根据公开信息推测，现代种业发展基金可能是由中央国有资本经营预算出资。

地方政府资金来源

地方投资基金财力来源可以分为财政资金直接出资和国企出资两种。财政资金直接出资可以分为本级政府财政资金、上级政府转移支付财政资金，国企出资主要是指地方政府融资平台出资设立。

典型案例

国家级政府投资基金——中国清洁发展机制基金

1. 成立背景

《联合国气候变化框架公约的京都议定书》(以下简称《京都

议定书》）确定了清洁发展机制。该机制是在“共同但有区别责任”的原则下，通过发展中国家开展温室气体减排活动，并向发达国家转让减排量的方式，帮助发达国家缔约方低成本地完成其在《京都议定书》下承诺的减少温室气体排放义务。同时，发展中国家由此获得转让收入，用于支持本国可持续发展。

2005 年 10 月，国家发改委、科技部、外交部、财政部公布了《清洁发展机制项目运行管理办法》；2006 年 8 月，国务院批准建立中国清洁发展机制基金及其管理中心；2007 年 11 月，财政部和发改委联合启动了基金及其管理中心业务运行工作。

2. 投资领域

中国清洁发展机制基金是由国家批准设立的，按照社会性基金模式管理的政策性基金。所谓政策性，是指清洁发展机制基金的宗旨是支持国家应对气候变化工作，促进经济社会可持续发展。清洁发展机制基金不得用于与气候变化无关的事项。所谓按照社会性基金模式管理，是指清洁发展机制基金在保值、增值的原则下独立运营，开展支持国家应对气候变化相关产业的投资活动。

3. 运营管理

基金管理机构由基金审核理事会和基金管理中心组成。基金审核理事会是关于基金事务的部际议事机构，由国家发改委、财政部、外交部、科技部、环境保护部、农业部和中国气象局的代表组成，负责审核基金基本管理制度、发展战略规划、赠款项目和重大有偿使用项目申请、年度财务收支预算与决算以及其他重大业务事项。

设立在财政部的基金管理中心负责基金的筹集、使用和管理，并在基金审核理事会的指导下开展业务工作。基金管理中心每年根据资金情况和国家任务，提出用款规划，报审核理事会审核批准。待规划批准后，在批准额度内使用资金。

截至 2015 年 10 月 31 日，中国消费发展基金累计安排赠款资金 9.15 亿元，支持 522 个赠款项目，累计拨付 505 笔赠款资金，共计 4.49 亿元。在与陕西、江西、河北、山西、江苏和湖南 6 省政府建立战略合作伙伴关系后，2015 年与内蒙古自治区政府也签署了战略合作协议，有力地支持了国家应对气候变化政策研究、地方低碳发展、碳市场机制研究和试点、能力建设以及提高公众意识等方面的活动。

4. 核心业务

清洁发展委托贷款业务，是清洁发展机制基金的核心业务之一。截至 2015 年 12 月 25 日，已经审核通过了 16 个省、区、市的 36 个清洁发展委托贷款项目，涉及市政基础设施和区域能源建设、绿色公交、高新产品制造等多个与国家应对气候变化工作密切相关的行业，贷款金额合计 19.2 019 亿元，撬动社会资金 93.24 亿元，项目年碳减排量预计为 199.1 万吨二氧化碳当量，年减排潜能预计达20.5万吨二氧化碳当量。

地方政府：Z省政府投资基金[①]

1. 资金来源

Z省财力充沛，早已在2009年3月就设立了Z省创业风险投资引导资金，基金规模5亿元，高度市场化运作。之后该基金由2012年成立的Z省金融控股公司（简称省金控）接管。

Z省设立政府投资基金的资金来源主要是一般公共预算，以及财政专项账户中沉淀的资金。根据《国务院关于深化预算管理制度改革的决定》（国发［2014］45号），超出使用期限的财政专项资金，中央政府一律予以回收。Z省设立政府投资基金将财政专项账户中的资金转移到政府基金账户中，有助于将专户资金、沉淀资金留在本级财政。

因此，Z省的政府投资基金主要是财政沉淀资金，内在的保值增值需求很强。

2. 管理模式

Z省的政府投资基金一律由政府授权省金控作为管理机构。其实质是将Z省财政出资资产打包纳入省金控，因此省金控实质上是行使了对财政专户资金的保值增值职能，而并不负责财政

① 该案例来自本书作者之一参与的一次调研。

资金的具体投向。Z省金控服从省政府、财政厅、发改委和该省内各行业主管厅局负责人的领导。

3. 资金结构

由于省金控旗下的省级政府投资基金（母基金）为100%省级财政资金，地级市政府投资基金也是100%财政资金（40%是省财政资金，60%是省财政资金，母基金形式），故本质上Z省的省级和地级政府投资基金均为100%财政资金。对参与子基金的社会资本而言，上述母基金设定安排使得政府财政资金基本是以1∶1的杠杆率进行放大的，社会资本的安全性更高。

我们的观点：基于政府投资基金的PPP

当前，很多省市以地方财政投入启动资金，引入金融资本成立政府投资基金。具体操作形式是由金融机构与省级地方政府共同合作设立母基金，再和地方企业（很多情况下是原融资平台）合资成立项目公司或子基金，负责基础设施建设的投资。金融机构一般采用分期募集资金或者用理财资金对接的形式作为基金的有限合伙方的出资。子基金或项目公司作为种子项目投资运作主体，对工业产业、城市基础设施建设进行市场化运作，自负盈亏。

产业基金本质上是一种新的融资媒介，由一家基金、券商/信托建立，以股权的形式介入项目公司，参与施工建设。在PPP中，产业基金与当地国企或城投平台一般通过股权投资于地方政府纳入到PPP框架下的项目公司，参与基础设施建设，由项目公司负责具体基建项目的设计、建造、运营，政府授予项目公司一定期限的特许权经营期。这也绕过被限制举债的融资平台和土地储备中心等，形成“影子平台”，达到了继续融资的目的。

产业基金作为一种创新的融资渠道，接续了地方平台城镇基础设施建设的资金来源，部分以委托贷款形式计入社会融资总量，有利于拉动地方基建和地方经济企稳；对接资金多为银行理财资金，加之结构精心设计后的增信功能，地方政府的融资成本也有一定程度的下降。

以PPP项目打包整合的产业基金在资产端本质上是一种类固收产品，其收益率在5%~12%，更为结构化，实际上也是PPP对金融产品多样化和金融市场结构化的促进。

第五章

PPP与财政体制

公共物品理论指出，中央政府提供受益范围最广的公共物品，这些公共物品直接关系国计民生等全局性领域；由于信息不对称，地方政府比中央政府掌握更多的本地域内居民偏好信息，不同地区居民所偏好的公共物品也不尽相同。因此，地方政府较中央政府拥有更强大的信息优势，不同区域的地方政府可以不同的成本为当地居民提供最能反映其偏好的公共物品，满足本地区居民的多样化需求。从财政资金占用的期限、额度上看，地方政府提供的公共物品均不如中央政府提供的公共物品。关乎国民生计的大型基础设施建设和运营周期往往长达十几年甚至几十年，且涉及多省协调。例如，三峡工程仅仅建设周期就长达 12 年，且大坝所在地为湖北省，而大坝上游四川省（1997 年之后划入重庆市）的部分居民要为此搬迁。中央政府要提供此类公共物品，匹配稳定性最高的中央财政资金，以满足大型工程的现金流收支需求。地方政府的职能决定了其只需在本辖区内提供当地居民的公共物品需求即可，且地方财政收入稳定性不如中央政府，故项目的投入回收周期应该相对较短。因此，从财政职能上讲，层级越低的政府推出的PPP项目周期应该越短。既然PPP项目是地方政府提供公共物品的一种方式，那么对我国财政投融资体制进行剖析是有益的。

地方融资平台与吏治

地方融资平台

地方政府投融资平台是属于地方层级的财政投融资。财政投融资也称政策性金融，最早产生于“二战”后的日本。当时日本正处于战后经济恢复期，在国家财力有限的情况下，日本设立了财政投资贷款制度，使得国家能够集中必要的资金，长期不断地向基础设施和重点扶持的骨干产业投资。财政投融资的产生背景是，因为政府财政对基础设施等公共事业建设的财力不足因而将财政与金融相结合，产生了具有创新性的公共物品提供方式，以解决体制内财政资金不足导致的公共物品供给问题，满足基础设施、市政设施的资金需求。

从我国地方财政投融资的实践来看，地方政府融资平台的主要作用是弥补城市基础设施或者社会性设施的建设资金的不足，具有“小财政”的特点，填补财政体制给地方设置的缺口。其优点是支撑了经济高速发展，一定程度上弥补了中央财政提供公共基础设施资金的不足，并形成了大量的优质固定资产，但也造成了部分资金使用效率低下，存在重复建设现象，以及危及我国财政、金融体制健康运行的地方政府债务问题。依据《预算法》，我国地方政府的显性债务包括：国债转贷地方政府的部分、中央代地方政府发行的债券、试点地区政府自主发行的债券，以及中央转贷地方政府的国际组织和外国政府贷款；我国地方政府的隐性债务主要包括城投公司发行的城投债、商业银行借款、向企业的借款、工程拖欠款等。其中，城投债存量占审计署（2013）口径下地方政府债务总量约10%。

我国地方官员管理制度

与其他国家和地区相比，中国地方政府性债务有很多特点，其中重要特点之一，就是在缺乏明确法律制度约束的情况下，官员任期与发债责任和风险不匹配。根据现行党政干部管理制度，地方政府官员一届任期为5年，将连任考虑在内最长也仅为10年，但官员任期制往往没有严格执行，即使连任也很可能提前退居二线、异地平调或者擢升。实际上，想要在我国找到一位在同一个城市同一领导职位任期满10年的官员，是非常困难的。因此，在我国地方政府财政投融资体制运行过程中，存在明显的地方政府党政“一把手”个人意志的痕迹。

目前，我国地方政府官员管理，主要依据《地方各级人民代表大会和地方各级人民政府组织法》、《公务员法》、《中国共产党章程》、《党政领导干部选拔任用工作条例》[①]等法律法规和党内规章进行。

《公务员法》第三十八条规定，公务员职务实行选任制和委任制。领导成员职务按照国家规定实行任期制。[②]《地方各级人民代表大会和地方各级人民政府组织法》第五十八条规定，地方各级人民政府每届任期五年。《中国共产党章程》第二十六条规定，党的省、自治区、直辖市、地级市和自治州的委员会，每届任期五年。这些委员会的委员和候补委员必须有五年以上的党龄。《党政领导干部选拔任用工作条例》(中发［2002］7号)规定，提任县（处）级以上领导职务，由副职提任正职的，应

① 《党政领导干部选拔任用工作条例》(2014年修订版）新增了“以德为先”的选拔原则（2011年中组部还曾制定《关于加强对干部德的考核意见》，明确干部选任中，如何做到“以德为先”)、“裸官”不列入组织考察对象等多项新条例。由于执行时间尚短，之后的行文还是以《党政领导干部选拔任用工作条例》(中发［2002］7号）为准。

② 《党政领导干部选拔任用工作条例》(中发［2002］7号）第十章第五十二条第二点：同一地方（部门）的党政正职一般不同时易地交流；第六点：地方党委、政府领导成员原则上应当任满一届。再次，参照《党政领导干部选拔任用工作有关事项报告办法（试行)》第三条第四点：市、县、乡党政正职在同一岗位任期不到三年进行调整的，应当按照要求书面报告上一级组织（人事）部门，经批复同意后方可进行。

当在副职岗位工作两年以上，由下级正职提任上级副职的，应当在下级正职岗位工作三年以上。选拔任用党政领导干部，应当按照干部管理权限由党委（党组）集体讨论做出任免决定，或者决定提出推荐、提名的意见。属于上级党委（党组）管理的，本级党委（党组）可以提出选拔任用建议。市（地）党委、政府领导班子正职的拟任人选和推荐人选，由上级党委常委会提名，党的委员会全体会议审议，进行无记名投票表决；党的委员会全体会议闭会期间，由党委常委会做出决定，决定前应当征求全委会成员的意见。①省级、地级领导干部的具体人事调动，由中央组织部负责、备案，岗位配置、编制管理则属于中央编制办统筹。原则上，各级组织部门在提拔官员的过程中，需要综合考虑候选人的“德、能、勤、绩、廉”。②

据上所述，一级党委、政府一届任期名义上为5年，但实际执行有较大差距，地方党政官员调动较为频繁。再以经济发达地区的代表深圳为例，在1980~2010年的30年间，该市一共经历了9位市委书记，在2002年中共中央颁布《党政领导干部

① 参见《党政领导干部选拔任用工作条例》（中发［2002］7号）第六章第三十三条。

② 参见《公务员考核规定（试行）》（中组发［2007］2号）第二章第四条的规定。德，是指思想政治素质及个人品德、职业道德、社会公德等方面的表现。能，是指履行职责的业务素质和能力。勤，是指责任心、工作态度、工作作风等方面的表现。绩，是指完成工作的数量、质量、效率和所产生的效益。廉，是指廉洁自律等方面的表现。

选拔任用工作条例》之后，没有一位书记任满5年；更有甚者，在一年之内更换了三位市委书记。种种事实表明，即使在发达地区，地方官员的流动性也是较高的。

地方高级官员流动性是我国干部管理体制的结果，在旧有以行政指令为主导的财政投融资体制下，由于经济激励和政治激励不相容，可能会引发“新官不理旧账”等政府诚信问题。

早期地方政府PPP案例：中信与上海“三桥两隧道”

1. 背景介绍

自上海开埠以来，在黄浦江上建桥是清末、民国时期数度动议而最终付诸东流的话题。新中国成立以后，政府也曾就建桥事宜组织讨论，但终因种种原因而未能实现。由于黄浦江的阻隔，浦东和浦西的经济发展呈现巨大的差异：浦西高楼林立，入夜万家灯火；而浦东除了沿岸一些码头、仓库、船厂外，仍然是阡陌纵横，灯火寥落，与隔江的浦西形成明显的反差。浦东长期以来在上海人的心目中是名副其实的“乡下”。直至20世纪90年代初，浦东和浦西之间的交通仅仅依靠原有的两座过江隧道及15条轮渡线、3条车渡线，已经远远满足不了日益增长的过江运输需要。建设黄浦江越江工程以缓解过江难这一突出矛盾，是当时开发开放浦东重大战略的必要前提条件。南浦大桥和杨浦大桥的建设工作在这个大背景下展开了。

南浦大桥全长 8 346 米，其中主桥长 846 米，主桥跨度 423 米，桥底离开江面 46 米，为双塔双索面的叠合梁结构斜拉桥。在叠合梁斜拉桥中，当时仅次于加拿大的阿娜西斯桥(主桥跨度 465 米)和印度加尔各答的胡格里大桥（主桥跨度 457 米），名列第三，南浦大桥投资 8.2 亿元，工程费为 4.3 亿元，于 1991 年 12 月建成通车。

杨浦大桥全长 7 658 米，其中主桥长 1 172 米，主桥跨度 602 米，比南浦大桥长 42%，为双塔双索面的叠合梁结构斜拉桥，主塔高度比南浦大桥高 35%，主桥工程量几乎要比南浦大桥增加一倍，是当时已建成的最大跨径的斜拉桥，投资 13.3 亿元，比南浦大桥增加了 60%，于 1993 年 10 月建成通车。在 1995 年以前，两桥由建设投资方上海久事公司和上海城投公司共同经营。

2. 股权与交易方案

两桥的投资金额与工程费用是当时上海市财政难以承受的，以南浦大桥为例，上海市政府利用政策优势，引入亚洲开发银行 7 000 万美元追溯性贷款资金，并由亚洲开发银行牵头和提供部分担保，由巴黎国民银行、法国兴业银行、日本兴业银行等 8 家国际银行和一家日本保险机构组成的多边金融机构提供一笔 4 800 万美元联合融资，成为亚洲开发银行的补充贷款，保障了南浦大桥工程的长期资金供给。

上海市下属的专门从事重大市政建设项目投融资的久事公司负责南浦大桥的融资和融资管理，包括参与外资的筹措，外资的转贷、拨付和还贷，相当于南浦大桥项目的融资机构。实际上，上海久事公司就是现在常见的地方政府融资平台的先驱，主要负责地方政府的投融资工作，但是在项目运营能力上缺乏专业的人才和经验。

在两桥工程竣工后不久，上海久事公司将南浦大桥和杨浦大桥连同上海市政府投资建设的打浦路隧道的20年经营权45%的股份一起转让给了香港中信泰富集团（隶属中信集团），成立合资项目公司“浦江隧桥”，合同期限为1995年1月~2014年12月。两座大桥、一条隧道的转让共回收城建资金24亿元，用于随后开始建设的徐浦大桥项目。总投资20.5亿元的徐浦大桥建成后（1996年）也归入“浦江隧桥”名下，中信泰富集团拥有45%的股份及20年收益权。用类似的方法，上海城投公司还将延安东路隧道20年的专营权转让给中信泰富，形成了中信泰富在上海“三桥两隧道”的投资局面。

3. 风险分担机制

上海市政府与社会资本（中信泰富）约定：第一，在完成交易后不得辞退现有工作人员；第二，路桥的票价不能上涨；第三，如果达不到一定的回报率，政府承诺以其他方式补足固定回报，20世纪90年代中期实施的这批项目的承诺回报率基本在15%左右，接近银行存款的回报率。2001年5月1日，征收了数年之久的15元过江路桥费被取消。根据相关部门统计，在取消路桥费之前，“三桥两隧道”每年能为财政带来8亿元以上的收益，是当时用来支付外方固定回报的主要资金来源。路桥费取消之后，这笔资金主要从三方面补足：第一，由于收费取消的直接目的是推动浦东发展，所以由浦东新区财政提供每年2亿元的补贴，市财政也补贴一部分；第二，将全市汽车养路费中的“贷款道路建设通行费”由原来的每车每月35元上调至150元；第三，上海城投公司从城建资金中出资补足其余部分。

由于承诺了固定回报，对政府而言，项目存在因通货膨胀率变化引起利率变化而导致的财务风险。事实证明，在上海一大批道路交通项目经营权转让实施的20世纪90年代中期，国内银行存款利率高达12%以上，而随着宏观经济变化，利率逐年降低，当年承诺的高收益率让地方政府背负上了沉重的债息负担。

上述交易模式保证了社会资本投资获得固定回报，这种固定回报的方式对社会资本来说既无市场风险，也无财务风险，实际上享受着无风险、高回报的“超国民待遇”，是不符合PPP的政府资金与社会资本的利益共享、风险共担原则的。

4. 中途退出

2001年4月，国务院下发了《关于进一步加强和改进外汇收支管理的通知》（国发［2001］10号），对各地固定回报项目的外汇使用做出了严格限制，这给地方政府通过外汇向大陆境外投资者支付固定回报带来了困难，而上海市政府凭借强大的财政实力和重要的政治地位，几经努力后向中央申请到了一些“特殊政策”，保证了当年向中信泰富继续支付的能力。

然而，时至2002年9月，国务院颁布《关于妥善处理现有保证外方投资固定回报项目有关问题的通知》（国办发［2002］43号），禁止政府承诺固定回报，也禁止政府为基建投资作担保，直接导致中信泰富不得不出售“三桥两隧道”这一优质资产。在各方协商一致后，经有关部门批准，由中方按照合理价格收购外方全部股权，终止执行有关合同及协议，根据相关规定妥善处理善后事宜，有关企业改为按内资企业管理。

5. 社会影响

作为20世纪90年代的重大决策——开发开放浦东，不仅对恢复上海远东最大金融与工商业中心的地位有着重大的意义，而且对推动长江三角洲、华东，乃至全国经济发展具有深远的战略意义。要使浦东真正成为现代化新区，而且带动浦西老市区的改造与发展，连接浦东、浦西的越江工程是一项必须先行的基础工程。

由于建设过程与旧城区的改造相结合，越江工程带动和开发了两岸周围地区。大桥与周围环境协调共存，已成为新上海的一大景观和标志性建筑。同时作为上海内环线的两个越江结点，该项目连接了老市区与浦东新区的交通，形成上海新的交通网络和格局，在上海的经济发展中发挥了巨大作用。

6. 中信经验

中信集团在上海“三桥两隧道”的投资中，客观上支持了上海市基础设施建设，并响应了中央政府的号召，率先终止与地方政府签订的合约，做出了应有贡献和较大让步。

上海作为国际性大城市，中国改革开放的重镇，其示范效应不言而喻。因此，上海市政府也非常重视合约的履行，并一直尽量保持对合约中规定回报率的履行义务，但在2001年之后人民币利率下降，目前已下降到1.58%，中国企业的年平均投资回报率仅为6%，净利润在3%以下。在这一环境下，仍旧以高达市场平均回报率5~6倍的固定收益率支付给社会资本，在中央政府看来实在是不合理的。因此，2002年中央政府出台了《关于妥善处理现有保证外方投资固定回报项目有关问题的通知》，中信泰富与上海市政府（融资平台）的各项合约不得不提前终止。

尽管按照约定，中信泰富无需分担市场风险、财务风险，却最终承受了政策风险。

公共财政基础理论

美国财政学家阿图埃克斯坦认为:“如果你想了解联邦政府在过去的一年里都干了些什么，或者，在未来的一年将要干什么，那么，你只需要看看联邦公共财政预算就足够了。”

公共财政理论回顾

现代公共财政理论由公共物品理论发展而来，公共物品理论建立在边际效用价值理论的“边际革命”基础之上。

1. 奥意学派思想

公共物品理论形成于19世纪80年代，较经济学上的“边际革命”滞后约10年。在“边际革命”方法的影响下，公共财政理论的价值理论基础发生了根本转变。为此做出主要贡献的学者以奥地利的萨克斯、意大利的潘塔莱奥尼、马尔科和马佐拉等奥意学派学者为代表。

萨克斯深受边际效用价值理论创始人门格尔的影响，在他1871年出版的《国民经济学原理》(*Principles of Economics*)中，率先体现了边际效用价值理论在公共财政学问题中的运用，将最基本的经济分析方法运用到具体财政问题上，使得财政学真正脱离了以往的国家学说和政治学说，真正转变成一门经济学。

潘塔莱奥尼的论述涉及财政资源同样具有稀缺性、每项财政支出的边际效用应该相同、财政支出的边际效用应该与税收的边际成本比较、财政预算的公共表决等问题，这些观点成为现代财政学和公共物品论的基本观点。遗憾的是潘塔莱奥尼的观点是从预算的角度分析，而不是从财政基本理论出发。

马尔科在1888年的著作中提出国家是一个“大工业”，他将国家视为生产性组织，在资源稀缺性原则支配下生产社会需要的物品。

1890年，马佐拉从国家被视为合作社的观点出发，提出财政提供公共物品以满足个人需要，明确指出了公共物品与个人产品的区别，确立了“公共福利”的概念。

奥意学派的贡献是将边际效用的效率准则从个人产品应用到公共物品之上，并认识到公共物品的不可分性，提出应对消费同量公共物品而产生不同边际效益的消费者征收不同价格的税收。但奥意学派过分关注了边际收益与边际成本的等价交换原则，忽略了达到上述效率的前提研究，这是其理论的不足之处。另外，奥意学派强调市场机制，对政治程序决定公共物品的根本事实没有提出合理解释，当然，这也催生了后来的公共选择理论。

2. 瑞典学派的贡献

瑞典学派创始人威克赛尔深受奥地利学派庞巴维克影响，在继承了奥意财政学派理论的基础上，威克赛尔及其学生林达尔等瑞典学者将公共财政学向前推进了一大步。

威克赛尔承认公共物品的提供应该使得个人效用最大化这一基本原则，并同意应该按照个人的边际效应征税，即利益赋税原则。但他指出，奥意学派抛开政治程序而模拟市场机制的个人利益赋税原则在更多时候具有理论意义，而并不具备现实意义。因为公共物品具有不可分性，个人无须付费依旧可以享受公共物品提供的效用，他正确地指出没有政治程序介入，个人总是隐藏其真实偏好，导致公共物品无法达到最佳配置。

威克赛尔否认政府是利他主义和全能的，并重视公共物品提供的政治程序途径。由于清晰地认识到投票结果完全一致的不现实性，他为此提出了近似一致投票原则，同时也强调保护少数派的应有权益。上述工作为建立规范化投票模型奠定了基础，将政府部门公共决策过程看作一种集体选择的结果，成为凯恩斯主义和公共选择理论的先驱。

林达尔作为威克赛尔的学生，在其1918年的博士论文中以“拍卖”机制建立了林达尔模型，分析两个以上政治平等的消费者分担公共物品成本的问题，对威克赛尔先前观点上的不足做了较大的匡正。尽管林达尔的模型因为建立在“虚拟需求曲线”之上而受到后来者的批判，但这种模拟市场方式揭示个人偏好的方法，以及对均衡的理解和推导思想，都对公共财政学和公共物品论贡献重大。

3. 庇古的外部性理论

福利经济学派的创始人阿瑟·庇古注意到外部性问题，外部性分为正外部性和负外部性两类。当产品存在正外部性时，如果没有政府补贴，则出现供给不足；当产品存在负外部性时，如果没有政府征税（或者向其支付费用），则出现供给过量。庇古对外部性的分析已经接近公共物品概念，但外部性只是公共物品的一种特例：外部性是私营经济生产个人产品时产生的，公共物品与个人产品相对。庇古没有进一步对公共物品进行研究，仅仅依靠外部性分析无法系统地分析政府提供公共物品、无法更新公共财政理论体系。因此，庇古的公共财政思想仍停留在穆勒等人的政府职能论框架内。

尽管存在上述局限性，庇古对公共财政理论的贡献依旧巨大：第一，外部性理论证明了政府对私营经济干预的必要性与合法性，外部性理论已经成为现代财政学的一个重要组成部分；第二，他区分了政府支出的转移性支付和消耗性支付二者之间的区别，这是现代公共财政理论关于支出理论和支出政策分析的重要理论根据；第三，庇古指出集体表决一致性难以达到，因此政府应该在纳税问题上采取强制性措施，这与公共物品理论认为的“搭便车”问题和“囚徒困境”问题只能由政府采取强制措施的思想一致。

4. 美国学者的贡献

以萨缪尔森、詹姆斯·布坎南、肯尼斯·阿罗为代表的美国学者以公共物品理论为基础，将公共财政理论提升到一个新的高度，并创立了公共选择学派。

萨缪尔森的两篇论文遵循了奥意学派公共物品提供机制的模拟市场思想，运用一般均衡方法而不是林达尔使用的局部均衡方法，对林达尔模型进行了更新和完善，代表着公共物品理论发展到新的高度。萨缪尔森最早给出了公共物品的定义，分析了个人产品与公共物品的根本区别在于消费量上的不同——个人产品的全社会消费总量是每个个体消费量加总之和；而公共物品的全社会消费量与每个个体消费量相等。他在此基础上建立了萨缪尔森模型，分析了公共物品最佳供应问题。正是因为萨缪尔森模型区分了公共物品和个人产品在消费量上的不同，因此萨缪尔森模型得出的公共物品最佳供应价格是林达尔价格的一般形式，萨缪尔森模型比林达尔模型更具备一般性。

但萨缪尔森模型建立在“存在一个无所不知的、掌握每一个消费者真实偏好的计划者”这一假设之上，这回避了个体偏好表露机制问题，仍然是在抛开了偏好曲线真实性的基础上进行了虚拟分析，这是其理论不足之处。

对此，布莱克、布坎南和阿罗等其他美国学者沿着威克赛尔政治程序决定公共物品分配的传统，基于公共物品理论开创了公共选择学派。1962 年，布坎南和塔洛克的《赞同的计算》（*The Calculus of Consent*）出版，将集体决策、决策原则和投票程序等问题系统化地展现，代表公共选择理论的正式形成，极大地丰富了现代财政理论和公共物品理论。

尽管公共选择理论具有鲜明的政治学特征，但从公共物品理论角度来看，公共选择理论以投票机制解决了公共物品供给中个人偏好显示的问题，弥补了萨缪尔森模型的不足；公共选择理论介入预算决策的形成机制中，而通过对政府预算决策的分析，可以将公共收入与公共支出结合起来予以整体考察，这一进步完善了公共财政学的内容；公共选择理论研究了政府政治程序如何对公共物品的供给产生影响，使得现代财政学飞速发展；公共选择理论将选民投票结果与政治程序运转提供公共物品的结果进行近似，直接使用实证方法估算政府的支出函数，在公共财政学研究方法上有了实质性创新；公共选择理论有坚实的微观实证基础，即政府是由官僚组成的，官僚也是自我效用最大化的自利者，对政府基于利他主义而提供公共物品的理论予以强烈回击，并让人们意识到官僚体制对公共物品存在过量供应的倾向，以及政府失灵的存在，认为公共财政理论应当研究对政府的限制，这极大地拓展了公共财政理论的内涵与外延。

公共物品特征

如前所述，现代公共财政理论以公共物品理论为基础，这是因为尽管市场是微观经济运行中调配资源最重要的机制，但这需要市场中价格出清迅速、要素自由流动、信息完备、没有垄断（买方垄断/卖方垄断）等等严苛条件全部同时成立，只要有一个条件不成立，市场就无法达到理论上的完美。上述条件在现实中往往又都是难以成立的。这就需要引入公共部门进行修正。

导致市场机制失灵的重要原因，就是价格信号并不总是充分反映出社会边际收益与社会边际成本。公共物品的存在使得市场失灵。由于消费者不愿意为之付费的“搭便车”问题，或者企业生产不足的外部性问题等，导致需求不足或者供给不足，进而导致市场失灵。

就公共物品的概念而言，萨缪尔森给出了经典定义：公共物品是一种被某一位社会成员消费之后，其他社会成员对这种物品的消费数量不会有任何减少的物品。

为了更加清晰地分辨公共物品和私人物品之间的区别，经济学家们延伸了萨缪尔森关于公共物品的定义，提出了公共物品的三个特征。

第一，消费的非竞争性，即公共物品都不具有消费的竞争性，也就是说，在给定的生产水平下，向一个额外消费者提供商品或服务的边际成本为零。或者说，公共物品服务范围内的消费者数量的多寡，与该公共物品的数量和成本变化无关。

第二，受益的非排他性，即任何人都不能因为自己的消费而排除他人对该公共物品的消费，或者因阻止其他人消费该公共物品的成本过于高昂而无法执行，因此在公共物品可以覆盖的范围内，所有社会成员都可以享受其提供的效用。

第三，效用的不可分割性，在效用函数加总的形式上，公共物品的效用加总函数是纵向加总运算法则，私人物品的消费效用加总函数则是常见的横向加总运算法则。即，公共物品是提供给全社会成员的，每一个社会成员均能享受到消费该公共物品的效用，而不能像私人物品一样分割为若干部分，只满足部分社会成员的消费需求。

公共财政的特征

公共财政之所以是与市场经济相适应的财政类型，原因不仅在于它赖以存在的制度基础是市场经济体制以及其具有的与市场经济体制的融合性，而且更在于它是受市场约束和规范的财政类型。公共财政的核心是在市场经济条件下，克服市场失灵，履行政府公共管理职责，为社会提供公共服务，满足社会公共需要。相对于传统的计划经济时期的建设财政，公共财政具有公共性、非营利性、规范性三大特征。

公共性体现在公共财政以满足社会公共需要为财政支出原则和财政政策重心。与计划经济下建设财政以建设性支出为导向不同，公共财政下的财政支出就是满足社会公共需要，公共财政提供公共物品时一律对社会中的任何经济体一视同仁，以实现社会公共目标。

非营利性是指公共财政在提供公共物品时，清楚地把握政府与市场的边界，在市场机制可以发挥基础资源配置的领域，公共财政应该退出；在市场机制失灵的领域，公共财政就应该介入提供公共物品。这种退出与介入机制并不以利润为导向，而是以满足公共需求、最大化社会福利为准绳。

规范性也就是制度建设的法制化，这又分为决策制度与管理制度的规范性。在决策制度法治化上，以政治权力制衡、公民权利平等的民主化公共选择作为决策机制；在管理制度法治化上，公共财政收支活动置于公开、透明、完整、责权分明的现代预算体制之中，预算一旦通过人大审议，就具备法律效力。

公共财政职能

公共财政收支活动是政府经济活动的核心内容，这些核心内容全部以满足集体需要为目的。马尔科指出，所谓集体需要，是指个体的不满足感加总所构成的社会总体感觉。集体需要的概念是在市场失灵状态下，公共财政提供具有共同消费属性物品的早期公共物品理论。

市场失灵是一种社会福利函数非帕累托最优的状态，最基本和最流行的解决方案，就是政府充分发挥公共财政的职能，直接介入市场经济活动。至此，我们需要对公共财政的职能进行界定。

1. 效率职能

市场失灵状态下的资源无法有效配置，这是政府行使公共财政职能直接配置社会资源的直接原因。因此，公共财政的效率职能也被视为经济职能，该职能就是以社会资源配置帕累托最优为导向。

公共财政履行效率职能源于现实中市场机制内在的不足，旨在纠正，而非取而代之。这是因为公共财政效率职能要充分发挥，必须遵守以下三个准则。

准则一，毕竟发挥基础性配置作用的还是市场机制，因此公共财政只需在一定程度上介入资源配置，而不是与市场争夺资源，不可以全盘介入社会资源配置。

准则二，在确定了社会资源在私营部门和公共部门之间的分配比例之后，公共财政要考虑政府所占有的社会资源限额内的内部最优比例问题。一项公共物品支出扩大，必然会使另一项公共物品支出减少，比如，某地区的基础设施建设落后，严重影响了当地居民的福利，那么该地区已有的财政预算是将更大比例用于公共消费以提高当期居民公共福利，还是压缩公共消费支出，用于公共投资领域，以期未来基础设施建成运营后给当地居民带来更大的福利。

准则三，公共财政的收支活动会间接影响私营部门社会资源配置效率，这就要求公共财政引起的市场效率损失最小化。经典的公共财政理论是以税收引发的分配效应和配置效应为例，提醒决策者们必须考虑公共财政的收支活动对资源配置效率的扭曲。

2. 再分配职能

公共财政的再分配职能也被称为公平职能。

（1）古典福利经济学对再分配的认识

以社会效用最大化为前提的效率职能哲学基础源自边沁、穆勒等人为代表的功利主义学派。古典功利主义只关注社会福利的最大化，并未关注福利最大化背后的社会成员分配结构问题。对此，福利经济学派的创始人庇古在承认国民收入总量越大、社会经济福利越大的古典功利主义的基础上提出：国民收入分配均等化程度越高，社会总体福利就越大。这一观点被视为经典福利经济学的核心要义。庇古的经典福利经济学建立在个体效用可以计量的假设之上，即使用了边际效用基数理论。这一有悖常理的假设受到了罗宾逊夫人等经济学家的批判，是其缺陷。但经典福利经济学已经认识到再分配对社会福利的增进功能。

（2）新福利经济学对再分配的认识

与罗宾逊夫人不同，尼古拉斯·卡尔多、约翰·希克斯和提勃尔·西托夫斯基认为福利经济学是有意义的，但他们使用边际效用序数理论回避了边际效用基数理论中“效用可以计量”、“个体间的边际效用数值可以相互比较”的批评，并基于帕累托改进理论提出了补偿原则：卡尔多标准、希克斯标准和西托夫斯基标准。这标志着新福利经济学的建立，其核心思想是否认经典福利经济学的国民收入分配均等化思想，认为如果至少有一个人福利变好了，且没有人的福利变坏，整个社会福利就是增进的。新福利经济学认为效率且唯有效率最大化，才是福利经济学的所有研究内容。按照新福利经济学的观点，若社会的初始状态是所有人都是奴隶（分配到的财富为1），随着社会的经济总量的增加，其中一个奴隶的境况得到改善成为奴隶主（分配到财富100），另外的人依旧保持奴隶身份（分配到的财富为1），在至少有一个人福利增进，而没有人福利因此受损的上述假想案例中，整个社会福利就是增进的，是“好的”社会分配制度。换一个更直观的例子，就是垄断资本家不断积累财富，社会其他阶层只能一直获取最基本的生活资料，按照卡尔多标准和希克斯标准，只要前者的所得大于后者的所失，或者按照西托夫斯基标准，只要没有人福利变差，那么，社会福利就算是增进了。尽管新福利经济学在数学表达形式上更臻于完美，但这种否认纯粹市场机制造成社会贫富差距扩大的现实，否认公共财政的再分配职能的论点，是福利经济学的倒退。

（3）福利经济学社会福利函数论派对再分配的认识

伯格森在1938年发表的《福利经济学某些方面的重新论述》一文中批评新福利经济学派将价值判断完全抛弃的纯粹实证主义做法本身也是一种价值判断，因此新福利经济学抛弃公平问题只研究效率的做法是失败的。萨缪尔森对社会福利函数进行了进一步的论证，形成了福利经济学社会福利函数论派。该学说指出帕累托最优状态并非只有一个，例如，在平面的埃奇沃思盒状图下，可以存在许多的帕累托最优，新福利经济学只研究效率的方法对此毫无解决能力。福利经济学函数论派重新纳入经典福利经济学对再分配的思想，提出经济效率最大化是社会总体福利最大化的必要条件，国民收入的合理分配是社会总体福利最大化的充分条件。

福利经济学社会福利函数论派的观点建立在如下假设的基础上：在已知全体社会成员个体偏好的情况下，通过一定程序将个人偏好进行排序后，才能在社会偏好次序中确定福利最大化最优位置，但是，伯格森和萨缪尔森没有能够证明这个假设在数学运算上的封闭性，即逻辑自洽。阿罗原本的动机是解决这一难题，却证明了个人偏好次序无法达到社会偏好次序，即著名的阿罗不可能定律。

奥肯总结了福利经济学各个流派的观点，并断言效率和合理分配是此消彼长的替代关系。奥肯承认资本市场主义在经济上的高效率，但也指出它造成的初次分配极端不公平，在这个社会中，财富分配的成功者喂养宠物的猫粮、狗粮甚至胜过财富分配的失败者哺育其后代的食物。这就需要存在一种财富再分配机制，该机制是市场自身无法完成的，那么就只有依靠非市场机制——公共财政予以完成。

至此，福利经济学经过大半个世纪的发展，最终从理论上证明了社会财富分配的公平必要性，肯定了公共财政的再分配职能。

（4）公共财政履行再分配职能的内在机理

公共财政可以弥补市场机制在社会财富再分配上的不足，其内在机理是：第一，公共财政是一个系统化、长期化、规范化的制度供给，可以连续、稳定地实施再分配政策；第二，公共财政基于税收和转移支付的持续开展，实现社会成员财富的再分配；第三，公共财政本身可以克服市场机制由于无效的自然垄断等情况形成的分配不公平；第四，公共财政可以通过动用公共储蓄举债进行基础设施建设，即行使再分配职能改变收支现金流，将未来一代富人的财富转移给相对贫穷的当代人使用，实现代际公平。

地方政府进行投资性支出，修建诸如高速公路、发电站、水库等公共项目，会促进当地的经济发展和改善居民福利，也行使了直接或间接改变社会福利分布的公共财政再分配职能。

3. 稳定职能

市场经济无法自动应对随机宏观需求的冲击，单纯依靠市场机制难以实现经济的稳定增长，因此公共财政需要履行宏观经济稳定运行的职能。

数百年的西方市场经济发展史一再向世人揭示了周期性波动造成的经济危机对社会的危害。20 世纪 30 年代的大衰退已经达到了直接挑战西方国家市场经济体制的程度，让经济学家们不再一味推崇自由放任的理念，而是认识到，尽管市场机制微观上能达到资源配置的最优状态，但市场机制缺乏宏观上的稳定性，宏观需求缺乏有效的管理。当总需求和总供给失衡的时候，所有的微观主体只能服从市场机制中的强制“出清”，其结果和代价是产出剧烈衰减，就业萎缩，甚至引发社会动乱。凯恩斯主义就是在宏观需求不足的情况下，倡导公共财政提振总需求予以干预。

在政府拥有的货币工具、产业政策等其他宏观经济稳定政策和手段中，公共财政举足轻重。这是因为它在管理和维持总需求与总供给均衡方面具有无可替代的作用。一个典型的模式是公共财政通过加大公共投资支出，干预宏观经济原有的运行轨迹，以熨平经济周期；在当期财力不足的情况下，政府举借公共债务以刺激经济增长，促进充分就业，逆转可能爆发的经济衰退。

就20世纪西方国家市场经济长达百年的实践来看，不管是预算盈余还是财政赤字，都是公共财政在履行宏观经济稳定职责。如果依旧采取“自由放任”的小政府模式，不重视公共财政的稳定职能，西方国家市场经济体制早已崩溃消亡了，其中，在宏观需求受到随机冲击不振的时候，政府通过积极财政政策扩张支出尤为重要。可见，公共财政的稳定职能对国家治理、市场经济都是极端重要的。

公共财政运行机制

公共财政由三部分组成：第一部分是政府将私营部门的一部分社会资源转移到公共部门的过程，即公共收入阶段；第二部分是政府根据其获取的社会资源提供公共物品以满足民众需求的过程，即公共支出阶段；第三部分是公共财政管理机制。

1. 公共财政收入运行机制

公共收入是指政府为履行其职能而获取的所有社会资源的总和，按照收入形式标准分类，公共收入可以分为税收收入、公债收入和其他收入三大类。

（1）公共收入的主要形式

税收收入是公共收入的主要形式。征税主体必须是政府，不是事业单位，不是非营利性组织，也不是企业或者其他机构。税收的本质是政府以法律形式强制征收，无偿占有纳税人的一部分社会财富。税收的征收过程本质上是政府介入社会资源分配的结果，政府通过政治权力将一部分私营部门所占有的社会资源转移到公共部门。既然税收具有强制征收属性，那么税收种类和税率就一定会有一个限度，以防止过重的课税对税源的伤害，在实践中往往以法律形式预先确定了税种和税率。

税收收入也是公共收入的最佳形式。政府通过税收，将社会成员个体实现的一部分收入无偿地转移至政府，不会引发货币超发导致恶性通货膨胀，政府也不必进行额外的支付，给公共财政带来负担。再者，税收收入是强制征收的，在现金流上具有稳定性。

正因为如此，税收的强制性、无偿性、固定性保证了高效、规范、稳定的公共财政收入。在现代经济社会中，税收收入的公共收入支柱地位无可替代。

（2）公共收入的有偿形式

政府可以借助自身的政治权力通过税收无偿获取公共收入，也可以通过信用原则发行公债有偿获取公共收入。公债是政府举借的债务，是政府出于履行其三大职能的需要，根据信用原则、有偿、灵活地取得公共收入的一种形式。

公债的基本功能是弥补财政赤字，最初是在税收不能满足公共支出需求的情况下产生的，公债本身就是财政赤字引发的产物。

财政赤字可以通过增加税收、增发货币等方式予以弥补，并非只有公债一种选择。但公债是最佳的解决途径，这是因为：

第一，如果增加税收，这要受到当时经济发展状况的制约，强行提高税率或者强行开征新税，可能会给经济造成长期负面影响，使得税源枯竭，这种饮鸩止渴的解决方案并不是长久之计。另外，苛捐杂税或者强征暴敛往往引起社会动荡、战争和政权更替，得不偿失。

第二，如果增发货币以通货膨胀的办法筹集公共收入，在现代信用货币制度下，中央银行增发的弥补赤字的基础货币是计入M0（流通中现金）当中的，而根据货币乘数效应，流通中的货币增加量将会数倍于中央银行的增发额，极易引发恶性通货膨胀，打破价格体系的稳定性，扰乱社会经济正常秩序。

第三，公债的运行规律决定了其只是政府从债券持有人处借用一定期限的资金使用权，而且会以一定债息支付作为资金占用期间的补偿支付给债券持有人，在公债到期之后，政府会将资金的使用权交还给公债投资人。这一方面弥补了一定时期内政府公共收入不足造成的财政赤字，另一方面不会像税收一样引发公众的不满，也不会面临恶性通货膨胀的经济风险，还可以让政府迅速地获取所需资金。

总之，公债对公共收入的筹集基本上是建立在资金持有者自愿认购的基础上，这就是公债的自愿性；政府举借公债依靠自身信用，以政府债券利率的形式按事先约定条件支付给政府债券持有人，以补偿投资人资金使用权的让渡，这就是公债的有偿性；公债的发行较税收等其他公共收入方式更灵活，政府根据公共收支状况决定公债发行与否，因此虽然在时间连续性上不如税收提供的现金流稳定，却具有灵活性。上述公债特性决定了公债是弥补财政赤字的最佳选择，在公共财政收入形式中居于从属、辅助性地位。

（3）公共收入的其他形式

政府引发的通货膨胀、获取的捐赠、收取的使用费、规费等，也是政府取得公共收入的形式。

政府引发的通货膨胀是中央银行为配合财政部门弥补赤字，采取基础货币超发的结果。由于通货膨胀就是物价上升，这剥夺了人们手中持有货币的购买能力，私营部门购买力下降，政府部门所能获取的社会资源就会增加，从社会资源再分配角度来看，这与税收没有差异，因此也被称为“通货膨胀税”。尽管温和的通货膨胀对经济增长和社会福利的利弊存在争议，但恶性通货膨胀的危害已经被人们所熟知。在健全发达的现代经济体中，已经没有国家将通货膨胀税作为一项重要的公共收入来源了。

政府会得到来自个人和其他组织的捐赠，例如发生自然灾害的时候，或者发生战争的时候，捐赠的情况较为常见。政府也会常常鼓励个人和其他组织捐赠本应属于政府职能范围内的公共物品提供，例如公园、学校、图书馆或者公路等。但这种基于个人或其他社会组织高尚道德的公共收入来源在整个公共收入中的比例往往是微不足道的。

使用费是政府所提供的特定公共物品对使用者按照一定标准收取的费用，例如高速公路通行费等。使用费采取专款专用原则，用于高速公路等设施的建设与修缮，收费上体现谁收益谁支付原则。使用费除了能为公共财政提供收入，也有利于提高公共物品使用效率，还能缓解公共物品拥挤问题。使用费的缺点是定价主体分散在各个职能部门和事业单位、定价依据不规范、收费期限随意展期。

规费是政府部门为公众提供某类特定服务或者开展行政管理时，所收取的手续费和工本费，在公共财政收入中占比很低。

2. 公共财政支出运行机制

公共支出也被称为财政支出，指政府为履行其职能而支出的一切费用总和。公共支出是公共财政重要的组成部分，因为公共财政对经济的影响主要体现在公共支出上，政府调节经济的职能主要通过公共支出手段予以实现。

公共支出分类方法主要有理论分类法和预算分类法。（预算法基于管理需求，经济含义较弱，不在此展开。）

就理论分类法而言，从公共支出性质来看，公共支出可以分为消耗性支出和转移性支出；就公共支出的目的来看，可以分为预防性支出和创造性支出；就政府对公共支出的控制力来看，可以分为可控制性支出与不可控制性支出；就公共支出的受益范围来看，可以分为一般利益支出和特殊利益支出。

按照公共支出性质进行分类，有很强的经济学分析意义，因此学界一般采用这一分类方法。消耗性支出直接表现为政府购买物品或者服务，政府与其他经济主体一样在市场中从事等价交换活动，即政府运用了这些资源，私营部门就无法再使用，因此这类公共支出是计入GDP的。转型性支付直接表现为货币的无偿、单方面转移，主要用于养老金、公债利息支付等，不存在一个等价交换市场，即政府只是在社会成员之间充当资源再分配的中间人角色。

从公共财政职能来看，在公共支出总额中，若消耗性支出比重大，说明通过公共财政直接配置社会资源规模大，公共财政的社会资源配置职能强；若转移支付性支出比重较大，说明公共财政的收入分配职能较强。

我国PPP提供公共物品实践集锦

垃圾处理案例

1. 项目概况

上海老港垃圾处理厂原来是一个事业单位，因为存在着运营、环保等诸多问题而停运，需要进行第四期扩建。上海市政府提出按照市场化、专业化、规范化、标准化的标准和企业投资、政府采购服务的模式进行城市垃圾管理。于是，2002年上海老港垃圾处理厂四期项目启动，并于2005年建成运营。项目投资总额5.1亿元，资本金占投资总额的1/3，约为1.7亿元。在股权结构的安排上，上海城投下属的城投环境占40%，法国威立雅公司旗下的Onyx（奥绿思）公司和中信泰富各占30%。至今，上海老港垃圾处理厂四期项目已经运营近10年，总体运行良好，可以说是我国PPP探索实践中的一个成功案例。

2. 项目实施

上海老港垃圾处理厂四期项目的实施分为5个环节。第一，项目识别环节，这一项目和大多数PPP项目一样，都是由政府发起的。第二，项目准备环节，这一环节需要和政府部门进行深入沟通。第三，项目采购环节，PPP作为一个长期的服务合同，存在很多技术创新的空间，所以它不能一开始就完全采用标准化。在招标过程中，有一个技术进步的过程，政府与社会资本共同研讨，用什么方案能更好地提供公共物品。财政部建议采用一种竞争性谈判，特别是竞争性磋商的办法。第四，项目执行环节，在此环节中会组建合作公司，签署法律合同。第五，项目移交环节，在特许经营协议中，会对移交做一个比较完善的安排。

3. 风险分担

上海老港垃圾处理厂四期项目拥有较为详细、完善的风险分担机制：项目公司承担设计、建设和不能如期完工的风险，以及运营、维护和移交的风险；融资风险由各股东方分别承担；环卫局（政府）承担垃圾供应的风险；重要法律变更和应急填埋的风险由项目公司和政府共同承担。该项目完善的风险分担机制有效地降低了后期的管理成本。

4. 中信经验

上海老港垃圾处理厂四期项目对于风险分配的设计是较为科学合理的，将设计、建设、融资、运营移交等跟市场相关的风险，全部交由项目公司，即社会资本来承担，利用其在这方面的专业能力和效率来解决；而法律政策、垃圾供应等风险则归政府承担；此外，对于一些涉及公共利益的突发事件产生的风险，由双方共同承担。

在共同承担风险方面，上海老港垃圾处理厂四期项目在合同中要求，如果出现涉及公共利益的突发事件，一方面，项目公司不能拒绝政策提出的要求；另一方面，在一些相应的技术规范方面，政府不能按照原来合同上的规定进行要求，同时相应产生的费用由政府埋单。这样做的目的，就是体现共同承担的原则。

医疗卫生案例

1. 项目背景

中信湘雅生殖与遗传专科医院的前身是中南大学湘雅医学院不孕与遗传专科医院，是国内首家现代化大型生殖与遗传专科医院。自20世纪80年代起，卢光琇教授率先在国内开展人类辅助生殖技术研究和临床工作以来，已经有30余年。

医院年门诊服务近20万人次，每年为5 000余名患者提供遗传咨询服务。医院的日常运营消耗了医务工作人员大量的时间和精力，同时随着门诊量和患者人数的增加，中南大学湘雅医学院不孕与遗传专科医院在管理上存在的一些问题也逐渐暴露出来，这家久负盛名的医院遇到了新挑战，需要引进优秀管理模式跨越新的发展阶段。

2. 项目过程

2001年起，中信集团、中南大学湘雅医学院、卢光琇教授的医疗技术团队三方就细节问题开展了多轮协商讨论。最终，由中信医疗健康产业集团和湘雅集团共同出资成立中信湘雅生殖与遗传专科医院有限公司，负责医院的投资和管理等工作，医院更名为中信湘雅生殖与遗传专科医院。

2002年10月30日，中信湘雅生殖与遗传专科医院在长沙工商局登记注册，注册资本5 143万元。中信湘雅生殖与遗传专科医院成立后，在各方的共同努力下，医院的事业取得了长足的发展。医院生殖中心现已成为国际上接受试管婴儿治疗人数最多、妊娠率最高的生殖中心。

3. 中信经验

中信湘雅生殖与遗传专科医院从之前几个简单的医疗门诊部到今天的医学成果产业化发展，得益于中信集团的慧眼识珠及各家强强联合。这是一次推动生殖遗传学发展的全新尝试。中信集团、中南大学湘雅医学院、以卢光琇教授为核心的医疗技术团队，分别是各自领域的翘楚，因为中信湘雅生殖与遗传专科医院而联系在一起。品牌企业、高等院校、技术团队三位一体铺就了一条创新发展之路，在国内外树立了良好的信誉与形象，取得了显著的经营业绩。

历经三任董事长的努力，中信湘雅生殖与遗传专科医院得以成立，不仅实现了中信集团介入医疗健康高端领域的探索，也是卢光琇教授转化医学成果的成功实践，同时中信湘雅生殖与遗传专科医院借鉴中信集团先进的管理经验，独创了“董事会领导下的院长负责制”，再次开创了业内先河，医院服务品质不断提升。这一管理体系真正为打造高端医学品牌做出了探索性的实践和努力，也为中国医学事业在世界的壮大和发展提供了成功经验。

新型城镇化整体解决方案

1. 项目概况

2010年12月8日，中信集团与汕头市政府签订《中信滨海新城项目战略合作框架协议》，作为中信探索和实践PPP的一个落地典范项目。

中信汕头滨海新城项目总规划面积达168平方千米，坐落在汕头市濠江区南岸，预计投资总额500亿元。该项目具体开发内容包括一级土地开发、城市基础设施建设、公共配套建设和产业投资等一系列资源整合，协助政府打造未来城市中心。

2. 合作架构

就政府方面而言，2014年年初，汕头市市长郑人豪带队对中信滨海新城暨汕头海湾隧道项目进展情况开展调研，希望将其打造成新型城镇化建设的标杆。在双方合作中，政府最核心的责任是提供相关的资源、政策和操作合法性的支持。

对于社会资本，中信集团早在2010年就与汕头市人民政府签署了滨海新城项目的战略合作框架协议。其实中信集团一开始并没有有意识地按照PPP合作，在经历了4年的磨合之后，与中央提倡的PPP相契合，是历史的偶然，也是作为极具创新精神的大型央企的必然。

中信集团通过自身下属的金融企业筹集社会资本，指定集团下属的中信地产作为该项目的总协调方，具体合作结构图如5–1所示。

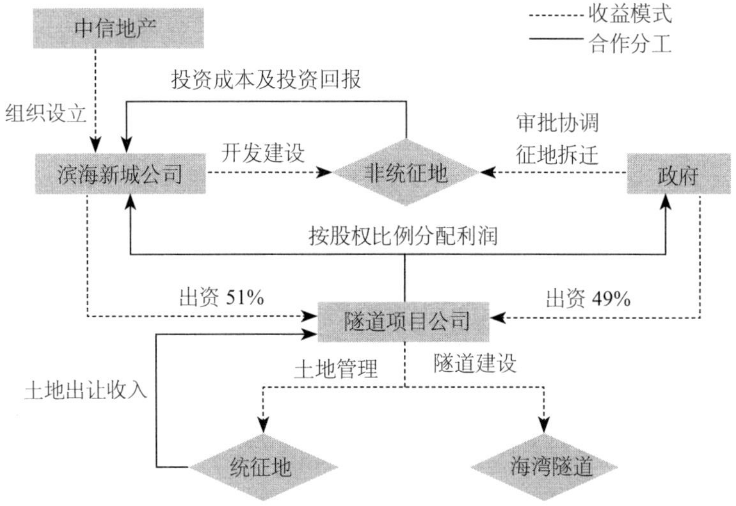

图5–1　汕头滨海新城项目结构图

3. 中信经验

在新型城镇化的推进过程中，中信利用品牌口碑与集团业务优势，提供了中小型城镇化的全套解决方案，实现了发挥中信集团平台优势，打造中信PPP综合服务的能力，为包括水务、轨道交通、新城开发、保障房建设、医疗等公共领域的PPP项目提供全周期综合服务，为本轮PPP的推进提供了高质量的示范。

中信滨海新城项目是中信集团创新城市运营商业模式的重要项目载体，是对政府引导、市场主导的新型城镇化PPP的探索与实践，促进了当地产业结构升级，创造出更多的就业岗位服务社会，又分享了新城城镇化带来的客观企业收益。

我们的观点：对我国已有PPP实践的总体评述

第一，收益不确定性问题。

项目的前期研究一般是政府发起进行的，可行性研究报告一般也是在政府的主导下或者由政府选择研究机构完成，因此项目的可行性研究更多的是从政府的角度出发。由于政府对财政与债务的考虑，并不能排除政府高估项目收益的可能性。因此，对于项目的收益与风险的评估，社会资本应当做出合理的判断。

在北京地铁4号线的案例中，政府的项目可行性研究报告中预测的客流量与私营方聘请客流预测机构预测的结果就存在一定的差距。事实上，另外聘请预测机构进行预测，一方面能够给项目客流量的评估带来更多的参考价格，另一方面也给私营方与政府谈判提供了更多的依据或筹码，可以向政府提出合理的客流调整机制。在涉及项目收入的关键因素上，私营方应当有自己独立的判断，可以聘请专业机构出具专业的评估报告，并就评估结果与政府的分歧展开谈判，设定调整条款以转移风险，如果参与项目的私营企业数量较多，应当选择一个代表，或者共同组织对项目收益的评估。

第二，有限理性问题。

项目谈判及合同条款的很大一部分是针对项目后期运营可能出现的问题预先提出方案，以免在问题发生时导致政府与私营方出现大的分歧与矛盾。但是，事实上项目的参与者并非完全理性，对于项目后期可能发生问题的预期也很难穷尽。例如，鸟巢项目的商业化运营方案并非与事先的投标书完全一致，而且运营环境变化带来的新商业机会事先也难以预料到，但众多方案遭到政府否决使得其面临商业化运营的困难。另一方面，政府领导层及政策的各种变动都有可能给项目带来不确定性。参与者有限理性的客观存在使得合同条款不能涵盖所有可能的情况。为了减少项目后期的运营风险，我们认为，私营方首先应当就合同条款进行细致的思考、讨论与推敲；其次选择有经验的咨询公司，获取专业的意见；最后，事先设置合理的再谈判机制，而非在合同体系部分履约之后突破合同规约进行再谈判，比如在北京地铁 4 号线项目中，就提前写就了涉及关于双方无法就继续履约问题达成一致意见而终止协议的条款。

第三，政府越权问题。

对于PPP，政府所扮演的角色是项目的监督者、支持者和公共物品与服务的购买者，而并不扮演运营与管理者的角色。但在项目实际运营过程中，经常可能出现政府越权干预的情况，尤其在关系政治形象与社会民生的大型项目上，政府可能表现得更为积极。

一方面，从宏观的角度来看国家已经加快了立法进程；另一方面，从微观的角度来看，私营资本应当在项目合同中就政府干预的行为设置相应的条款，以限制政府的行为。比如在鸟巢项目中，我们可以看到政府关于不建设竞争性场馆的承诺。对于项目中可以量化的指标应当尽可能明确，并在项目谈判期做好充分的沟通，在协议中对政府越权行为尽量加以约束。

第六章

PPP与地方融资

地方债

“十二五”规划明确提出，“显著提高直接融资比重”。2014年5月9日，国务院发布《关于进一步促进资本市场健康发展的若干意见》（国发［2014］17号），提出“促进直接融资与间接融资协调发展，提高直接融资比重，防范和分散金融风险”。提高直接融资比重可以分散过度集中于银行的金融风险。

目前债券市场投资者结构较为单一，以商业银行为代表的金融机构占据主导地位。以国债地方债市场为例，2000~2014年，商业银行的持债比重尽管一直在下降，但始终维持在70%以上，不仅不利于风险从银行体系中分散出去，也不利于实现人民银行的货币政策目标。这是因为，商业银行购买债券就是广义货币创造的过程，而其他投资者购买债券仅仅是资产类别的重新划分，不会对货币供给造成影响，债券市场的发展不能以货币超发为代价。

政策性金融

回顾

现行的中国政策性金融是在计划经济向市场经济转轨的过程中产生的，1994年，中国先后组建了三大政策性银行——国开行、中国农业发展银行和中国进出口银行，政策性金融业务逐步从中央银行和国有专业银行中分离、分立出来，结束了中国政策性金融业务长期兼营或混营的历史。

政策性金融的可持续发展，一定程度上依赖于完整而有效的外部监控机制。而政府的有效监督，有利于政策性金融机构按照政府的政策性意图办事，使政策性金融体系最大程度上为公共利益服务。

1998年，时任中国人民银行副行长的陈元调任国开行行长一职，国开行从此转变了办行理念，不断扩大业务范围，除传统的信贷业务以外，又得到监管部门批准并开展的业务有：管理和运用股价预算内经营建设基金和贴息资金业务；承销有信贷关系的企业债券；经国务院批准在国外发行债券，根据国家计划筹借国际商业借款业务；办理有关外国政府和国际金融组织贷款的转贷业务；办理人民币同业拆借业务；建设项目贷款的评审、咨询和担保业务；外汇贷款业务；发行和买卖股票以外的外币有价证券等。国开行的业务范围远远超过了最初《国家开发银行章程》规定的范围。在传统的信贷业务方面，国开行积极与地方政府和行业部门建立合作机制，构建融资平台，以政府组织增信推进业务发展。

监管争议

国开行的业务范围自1998年以来一直不断扩大发散，而国开行的业务扩展的所有依据均是国开行的申请和银行监管部门的批复。2008年12月，银监会宣布国开行转型为商业银行；2015年4月，国务院宣布国开行回归政策性银行。目前，旗下拥有国开证券、国开金融等多个金融牌照子公司的国开行已搭建了全能银行架构，截至2015年年底，国开行资产总额突破12万亿元。

从监管的演变上看，自中国政策性金融机构分设以来，其业务最初由人民银行监管，2003年后由银监会监管。目前银监会对政策性银行监管的内容主要有：1. 市场准入监管。监管机构依法对政策性银行（主要是分支机构）的设立、变更和终止进行审查与审批，对其业务范围和职能进行界定。2. 高级管理人员任职资格审查及年度考核。主要从德、能、勤、绩以及接受监管机构非现场监管情况等5个方面进行审查和考核。3. 合规性检查。对照政策性银行的金融机构法人许可证、金融机构营业许可证检查设置和变更事项审批手续是否完备，是否超授权、超范围经营，高级管理人员变更手续是否完备，业务经营状况是否合法合规，内控制度是否完善等。4. 日常的非现场监管。根据政策性银行定期呈报的报表、报告，主要从5个方面的监管指标——贷款投向指标、安全性指标、流动性指标、效益性指标以及总量指标进行业务分析和监督。

从监管的模式上看，中国政策性融资体系（政策性银行）的监管存在以下问题：1. 监管缺少法律依据。目前中国没有颁布政策性银行法和专门针对政策性银行监管的法律和法规，银监会监管的依据是《商业银行法》、《担保法》、《票据法》、《反洗钱法》，以及相关的《会计法》、《贷款通则》等，但随着经济和金融形势的发展变化，政策性银行的经营环境也发生了很大的变化，迫切需要制定相关法律和法规。2. 监管指标多参照或照搬商业银行的标准。如根据银监会2007年公布的《商业银行资本充足率管理办法》，政策性银行资本充足率的计算和监督管理将参照商业银行的标准，并没有考虑到政策性银行业务的特殊性和资本金来源的特殊性。再如，监管机构对要求政策性银行报送的非现场监管的监控报告与商业银行大同小异，同样也没有考虑到政策性银行业务的特殊性和监管重点的差异性。3. 监管手段落后，监管质量和效率不高。近年来，监管机构先后开发了具有不同特点、覆盖不同业务功能的多个版本的金融监管信息系统，但这些系统与政策性银行的业务发展及加入世界贸易组织后对金融监管提出的规范化、科学化和系统化的要求相比，还存在许多明显的不足。主要表现在没有针对政策性银行的业务特点而专门开发监管程序和系统，造成大量的重复性劳动，效率不高。

从监管的运行上看，在政策性银行运行过程中，多头决策、多头监管导致了低效率模式。在中国政策性银行改革问题上，国务院规定由人民银行牵头，银监会和财政部配合。由于三个部门之间没有隶属关系，方案设计的重任自然落到了牵头部门身上，财政部与银监会处于尴尬地位；但在政策性银行改革的具体问题上，三部门难以达成一致意见，致使政策性银行改革效率低下。在 2003 年银监会组建后，人民银行对银行类金融机构不再负有监管职责，但有些业务仍由其管理，有着事实上的监管责任；银监部门对银行类金融机构实施全方位监管，甚至安全保卫这样的日常性工作也被纳入其监管范围。在政策性银行成立之初，财政部也曾是其监管主体，1994 年下发文件《关于加强对政策性银行监管工作的通知》(财商字［1994］622 号)，而后便销声匿迹。2007 年 1 月召开的全国金融工作会议提出了建立“金融监管协调机构”，以应对多头监管效率不高的问题。形成这种局面是部门利益争夺的结果，不仅会加剧在诸多问题上的分歧和争议，增加了政策协调的复杂性，加大总体成本，还会降低政策的决策效率，损害执行效果，损害政府部门的公信力。这说明，随着中国金融业的进一步发展和不断融入国际金融市场，目前对政策性银行多头决策、多头监管的模式已经不能适应政策性金融的发展了。

从监管的效果来看，《商业银行法》并不适用于政策性融资体系监管，因为政策性融资机构不以储蓄吸收资金，诸如存贷比之类的商业银行监管指标无从适用；政策性融资机构显然也不适用于《中央银行法》，这类机构以发行金融债券获取资本，发行政策性金融债券的额度完全由中国人民银行审批，但中国人民银行并不承担政策性金融债券的违约责任；政策性融资机构更不受《预算法》约束，尽管上述政策性金融债券的或有风险实质上是中央财政的或有风险，但由于财政部没有直接管辖政策性融资机构的权限，所以无法对其进行约束。

从监管的合理性来看，政策性金融与商业性金融是一个国家经济与社会发展稳定不可或缺的两翼，具有不同质的规定性，其功能也截然不同，应当按照其金融性质、功能作用的发挥对其运行状况进行评价，评价的侧重点因其属性不同而不同。评价商业性金融应当按照以经济有效性为主、社会合理性为辅的评价标准；评价政策性金融应当按照以社会合理性为主、经济有效性为辅的评价标准。

财政部为了加强金融类国有及国有控股企业的财务监管，

规范金融绩效评价工作，于2009年1月13日印发了《金融类国有及国有控股企业绩效评价暂行办法》（财金［2009］3号）。此办法设置了盈利能力指标、经营增长指标、资产质量指标和偿付能力指标共4项指标，根据金融企业有关财务资料计算评分，按照不同行业及指标类别，把绩效评价标准划分为优秀、良好、中等、较低、较差5个档次，以此作为评价金融企业绩效、确定金融企业负责人薪酬、加强金融企业敬业管理的重要依据。作为国有独资的政策性银行，当属绩效评价之列。可见，此办法同样没有考虑到政策性金融机构的特殊性，没有根据其基本属性设置适当的社会效益指标，其结果可想而知：必将进一步引导政策性金融机构从更宽、更广的范围及更深层次上涉足商业性业务，以达到提高绩效评价档次的目的。

开发性金融PPP案例：巴音查干高速公路项目

1. 背景介绍

2000年，西部大开发政策发布，中国西部从此进入高速发展的轨道。中国政府决定加快西部综合交通网络的建设，且决定优先建设高速公路。

内蒙古自治区在西部大开发战略中占有重要地位。乌兰察布市位于内蒙古自治区中部，同时归属于呼和浩特—包头—银川经济区和北京—天津—唐山经济区内，地理位置优越。其境内的白音察干至永泰公段高速公路（下文简称“永泰公路”）连接内蒙古的东部、中部、西部，为交通枢纽，对于西部地区有效开发当地资源的作用重大。该项目是内蒙古自治区高速公路网的重要组成部分，也是《内蒙古自治区公路交通“十二五”计划及2020年规划》重点工程之一。项目周期为2011年12月至2015年年底，由乌兰察布市交通运输局投资建设，项目起点位于乌兰察布市察哈尔右翼后旗G55二连浩特至广州公路白音察干枢纽互通，终点位于京新高速公路永泰公互通，全长约95.3千米。全线按4车道高速公路标准建设，设计速度每小时100千米，路基宽度26米。连接线长14.5千米，其中宏盘连接线长10.5千米，改扩建原三级公路为二级公路，设计行车速度每小时80千米，路基宽12米；科布尔连接线长4千米，按新建二级公路标准设计，设计行车速度每小时80千米，路基宽12米。

然而，建设伊始，这个项目面临着三个主要困难：第一，项目所在地——乌兰察布市政府财政资金不足，无法成为如此大型基建项目的主要投资者；第二，私营企业在银行信贷体系中信用评级低，融资相对困难；第三，该项目要求的融资期限相当长，而商业银行出于风险考虑，无法向私营企业提供如此长期的信用贷款，造成期限错配问题。为了解决上述问题，该项目采取了PPP中的BOT模式进行建设与运营。

2. 运营结构与股权结构

该项目的项目公司为内蒙古恒新公路发展股份有限公司（下文简称为“恒新”），2010 年 10 月经乌兰察布市政府批准获得特许经营权，为永泰公路项目的拥有者、实施者和债务人。项目计划总投资为 45.01 亿元，实际总投资为 45.58 亿元。

恒新由内蒙古新大地建设集团、维邦房地产集团、乌兰察布市投资开发有限公司分别以 51%、30%、19% 的份额投资设立，资本金为 16.01 亿元。其中，乌兰察布市投资开发有限公司作为乌兰察布市政府的融资平台，由乌兰察布市政府 100% 控股；内蒙古新大地建设集团、维邦房地产集团同为内蒙古新维投资控股集团的控股子公司，为当地实力雄厚的私营企业。

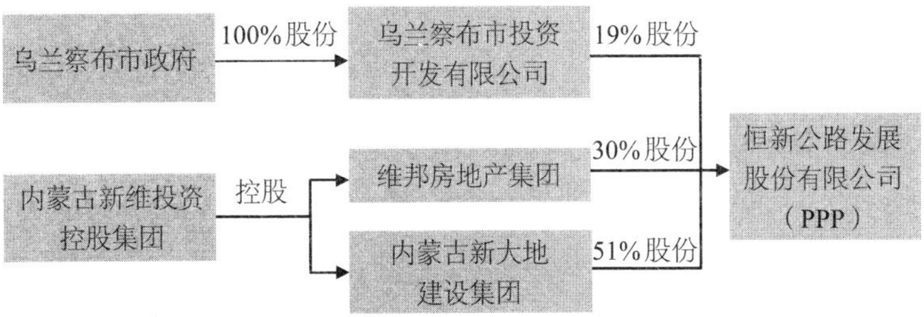

图 6–1　内蒙古永泰公路项目股权结构图

在融资方面，国开行牵头联合中国建设银行、交通银行，向项目公司提供共计 29 亿元人民币、期限为 17 年的超长期银团贷款，由内蒙古新大地建设集团、维邦房地产集团的母公司内蒙古新维投资控股集团对项目整体提供全额的连带责任担保。其中，国开行提供了18亿元的贷款，占整个银团贷款总额的62.1%。

在项目建设上，道路部分的建设方为内蒙古新大地建设集团。路基和路面的建设采用总价合同的方式，内蒙古新大地建设集团同时负责采购与建设，隧道部分的建设由福建第二公路工程有限公司、中国铁建十六局集团承担，采购由竞标胜出的内蒙古新维物资有限公司负责。

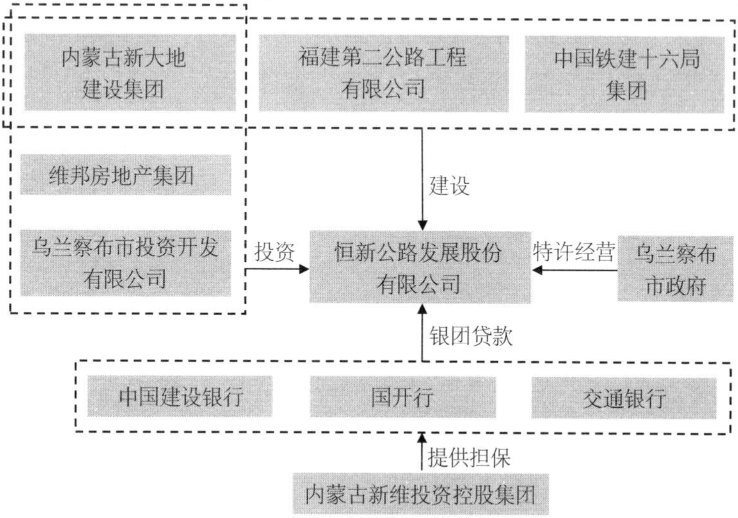

图6–2　内蒙古永泰公路项目运营结构图

3. 风险分担

（1）违约风险——私营部门承担

该项目的总投资额为45.58亿元，其中向银行贷款29亿元，占63.6%。项目具有强有力的增信措施：一是项目公司各股东按照其出资份额承担各自的偿款责任；二是引进第三方——内蒙古新维投资控股集团为项目整体提供全额的连带责任担保；三是将完工后的永泰公路和恒大公路的收费权进行质押担保。综上，该项目的违约风险，绝大部分由私营部门承担。

（2）工程建造风险——私营部门承担

工程建造市场风险低，原因有两个：其一，公路施工部分技术已经相当成熟，其二，隧道施工部分由福建第二公路工程有限公司、中国铁建十六局集团承建，这两家承建商在专业性和行业口碑上都极佳。因此，尽管在合约上规定工程建造风险主要是由私营部门承担，但实际上风险是相当低的。

（3）市场风险——项目公司承担

内蒙古恒新公路发展股份有限公司负责该项目的运营管理。市场风险主要来自于客流量的不确定性。与永泰公路相关的各路段的客流量在最近几年里快速增长，甚至引发了交通拥堵，因此永泰公路客流量的预期需求是稳健的、强劲的、乐观的。另外，市场风险还可能来自潜在的竞争者，例如北京至新疆高速公路也许会对本项目的客流量产生分流影响，以至于影响到项目的盈利能力。本例中的市场风险是值得引起格外重视的。

（4）法务和政策风险——政府承担

乌兰察布市政府赋予了项目公司特许经营的权利，包括：融资和投资，设计和建设，运营、维护和管理，收费，管理道路沿线基础设施，管理道路沿线广告投放的各项权利。同时，政府应协助完成初期的准备工作，严格控制其他竞争项目的批准，并返还建筑税给项目公司。

3. 项目经验

白音察干至永泰公段高速公路项目采用PPP，不仅减轻了政府的财政压力，而且通过利用发展导向的融资方式解决了商业银行贷款的期限错配问题，从而高效地满足资金需求，破解了私营企业的融资困局。该项目的顺利实施，加速了内蒙古自治区内运输发展，有利于促进中国西部经济发展。总体来说，从该项目中，可以总结出以下经验：

第一，对项目效用进行全面的评估是成功的关键。根据内蒙古的经济发展现状，预测自治区内汽车保有量（与经济总量正相关）的持续增长情况。同时，通过近几年的内蒙古运输市场的统计数据，计算出区域内乘客与货物的承载能力。显然，该项目能极大地缓解以煤运为主的呼和浩特—集宁地区的运输压力。更重要的是，以当前的内蒙古高速公路参数标准来评价，这个项目预期易于获得收益，因此该项目吸引了私营企业的注意，并提升了私营企业在该项目的建设与运营中的参与度。

第二，PPP推进了混合所有制的建立。传统上，鄂尔多斯市的私营企业沉迷于短期、高回报的行业，极少投资于高资本系数且收益期长的项目。乌兰察布市投资开发有限公司投资与购买项目公司股份、与内蒙古新大地建设集团以股权投资的方式进行合作的实践，成为一个很好的PPP示范案例，在短期内就起到了促进混合所有制的建立和公私资本的整合的效用。

本轮PPP

本轮PPP概述

2014年5月，财政部成立政府和社会资本合作工作领导小组，被视为PPP启动的标志。同年9月24日，财政部下发《关于推广运用政府和社会资本合作模式有关问题的通知》，要求推广运用PPP，在全国范围内开展项目示范，被视为PPP被正式推出的标志。

PPP明确了政府债务与企业债务之间的界限，将地方政府融资平台债务与地方政府债务剥离；采取PPP成立的项目公司，其债务明确为企业债务，偿债资金来源为项目运营收益或者政府补贴。随着《预算法》(2014年修正)出台，PPP以顶层设计形态介入我国政府财政投融资体制改革的历史大幕之中，PPP不仅是地方政府基础设施建设融资的重要途径，也是政府增强社会治理能力、对生产关系进行微调以适应生产力发展的历史必然。

本轮PPP的首个落地项目：中信唐山世博园

1. 项目基本情况

根据唐山市人民政府相关决议，唐山市将于2016年举办唐山世界园艺博览会（以下简称“唐山世园会”），唐山世园会项目建设将采取PPP进行。根据PPP的实施原理，政府和社会资本共同出资组建项目公司，负责唐山世园会项目的建设及后期运营管理。

（1）项目目标

世界园艺博览会是最高级别的专业性国际博览会，是世界各国园林园艺精品、奇花异草的大联展，是以增进各国的相互交流为目的，集文化成就与科技成果展示于一体的规模最大的A1级世界园艺博览会。经过长时间的申请和宣介，唐山最终获得了2016年世界园艺博览会的承办权。2016年恰逢唐山抗震四十周年，在唐山南湖举办世园会，可以向世界展示唐山抗震重建和生态治理恢复成果，表明唐山人民保护环境、修复生态、实现资源型城市转型和可持续发展的决心。

按照规划，唐山世园会是一个完全绿色环保的项目，对于整个展区的规划与实施始终坚持环境至上，强调人与自然的和谐发展理念。唐山世园会通过举办一系列活动，宣传我国的传统文化和唐山的特质文化，是提高国际社会对中国、对唐山的认知度的优良平台。

唐山世园会是国内采用PPP建设和举办的最高级别的专业性国际博览会。同时，作为国内第一批按PPP标准模式建设和运营的项目之一，从方案设计、投资融资到建设运营，全部按照国家最新政策要求操作，具有重大示范意义。

（2）项目主要内容

2016年唐山世园会基础设施及配套项目选址于唐山南湖生态城中北部，以南湖中央公园为核心向东、南、西三个方向分别延伸至唐柏路、205国道、规划卫国路，北起城南道。根据《2016唐山世界园艺博览会总体规划》及《唐山南湖风景名胜区总体规划》，综合区域地质条件、现有项目布局等因素，规划总体布局分为核心区和体验区。

唐山世园会将重点打造核心区：核心区地块位于规划卫国路以东，城南道以南，建设路以西，京山铁路以北区域。为满足现代大型展会的功能需求，突破了环湖游览的传统布局，将核心区分为中轴线片区、小南湖片区、大南湖片区、唐胥路以南片区，突出主景观轴线和重点展园小环线，集中建设资金、更有效地展示重点景观效果。

同时，突出生态体验区：体验区地块位于学院南路以东，京山铁路以南，205国道以北，唐柏路以西区域。充分结合区域现有山水格局、采煤沉降影响、交通体系现状以及项目布局，致力于完善区域生态、拓展旅游空间、提升城市形象，将体验区分为湿地体验区、农业观光区、森林游憩区、运动休闲区等四大分区，并以风景林地及生态湿地为核心，打造一处“森林拥抱城市，绿色引领生活”的公共空间。

（3）建设规模及投资估算

①核心区建设规模

核心区由景观绿化工程、市政道路及辅助工程和综合展示中心三部分组成。其中，景观工程建筑面积248.7万平方米，景观绿化工程86.4万平方米，地被24.4万平方米，铺装及景观道路72.3万平方米，湿地景观建设32万平方米，景观绿化改造33.6万平方米；路网建设及改造（新建道路3条，全长5千米；改扩建道路4条，全长6千米，新建桥梁2座），给水设施200万平方米，出入口建设及改造8个，世园会周边围挡12千米、亮化工程5.4万平方米，停车场建设及改造53万平方米；综合展示中心总建筑面积5.866 5万平方米，建筑层数最高4层，建筑高度最高21米，内容包括展示中心、城市规划展示馆及配套。

②体验区建设规模

综合区域地质条件、现有项目布局等因素，结合生态产业、旅游服务等需求，将体验区划分为湿地体验区、农业观光区、森林游憩区、运动休闲区等四大分区。项目体验区主要建设 1 号路、2 号路、3 号路、4 号路等 4 条道路的建设及路网绿化。项目体验区新建路网全长 9.006 千米，其中 1 号路长 1.478 千米，2 号路全长 3.82 千米，3 号路全长 1.58 千米，4 号路全长 2.128 千米，路面宽均为 9 米。本项目建设期拟定为 24 个月。2014 年 5 月开始立项，2016 年 4 月竣工。

③投资估算

本项目总投资 33.629 8 亿元，其中固定资产投资 32.299 8 亿元，建设期利息 1.33 亿元。

2. 交易结构

（1）股权结构安排

由唐山市政府授权的唐山市南湖生态城开发建设投资有限责任公司、唐山世园投资有限公司与社会资本按 4 ∶ 6 共同出资构建 SPV（特殊目的项目公司），负责 2016 年唐山世园会基础设施及配套项目的建设和后期的运营管理。

（2）投融资安排

PPP 项目的主要融资方式及渠道如下：本项目由政府及社会资本投入资本金，通过银行贷款填补其余资金缺口。其中，以股权方式向社会资本进行资本金融资。

根据有关文件，政府及社会资本投入 10.129 8 亿元，占总投资的 30.12%；拟申请银行贷款 23.5 亿元，占工程总投资的 69.88%。其中，政府投入资本金的 40%，数额约为 4.05

亿元；社会资本投入资本金的60%，数额约为6.08亿元。上述投资均为一次性投入。银行贷款23.5亿元，投入进度与资本金保持一致。

3. 风险分配框架和权责利分担机制

PPP项目的风险分配和权责利分担机制是否合理，是影响项目能否成功的关键因素。分配权责利及风险时，不仅应遵从对风险最有控制力的一方承担相应风险的原则，还应该遵从承担的风险程度与所得回报相匹配以及承担的风险要有上限的原则；为保证政府和社会资本投资人权利和义务的平衡，还应关注调整条款，对项目发生的变化进行对称性风险分配。

（1）风险分配框架

风险初步分配阶段。风险初步分配发生在项目的可行性研究阶段，通常这一阶段由政府主导。风险分析结束后，政府部门初步判断哪些风险可控，哪些不可控。最可控的风险需要政府自留，剩余的风险需要转移和分配。

风险全面分配阶段（谈判阶段）。对于政府第一阶段认为社会资本方控制力之内的风险，需要社会资本方对分配结果进行自我评估，如其凭借经验、技术、人才等优势能控制风险，则进行相应风险管理；反之，则返回风险分析阶段进行再分配。同时，对于政府与社会资本控制力之外的风险，双方商定分配机制，同时根据承担风险大小确定风险补偿价格，即投资收益。

政府与社会资本方分别就双方控制力之内和之外的风险分配达成一致后，双方签订PPP合同。

风险跟踪与再分配（建设和运营阶段）。这一阶段主要是跟踪已经分配的风险是否发生意料之外的变化或出现未曾识别的风险，然后进行再分配。

（2）权责分配

政府的权利和责任如下。

在项目建设前：政府负责确定项目建设的必要性，并研究确定设计规模和项目需要实现的目标；负责立项，编写《项目建议书》及《可行性研究报告》，并取得管理部门同意建设的各项批复；履行有关手续，以确定社会资本投资方；作为股东按约定股比成立项目公司，并履行出资人义务；为项目公司建设提供政策支持和必要保障机制；为保证社会资本方的投资收益及偿还银行贷款本息，负责落实有关资金补贴方案。

在项目建设中（实施阶段）：当出现突发事件时，政府要在权限范围内分担风险，并为保证项目的继续进行采取必要的措施；政府在实施阶段的任何时间，都具有监督和检查的权利，以确保项目从设计、建设到运营和维护都按照合同中规定的要求进行。

在项目建设后：项目竣工阶段，政府对项目的经济性、效率性和效果进行审计；在项目运营期限内，政府有义务为项目运营提供政策保证和法律保证，政府有权对运营方的经营行为进行规制和监督，以维护社会公众的利益。

社会资本投资人的权利和责任如下。

在项目建设前：参加资格预审，提交资格申请文件，包括资金、技术、工程经验、运营经验及履约记录等方面的资料，确保资料真实、可靠；提出项目建设和运营的所有关键方面并做出说明；与政府签订PPP协议，提出需政府提供一揽子基本的保障体系；作为股东按约定股比成立项目公司，并履行出资人义务；享有合同约定的投资回报；承担潜在的融资风险和项目开发风险。

在项目建设中：项目公司（社会资本投资人控股，下同）负责项目的组织设计和施工，安排进度计划和资金营运，控制工程质量和成本，监督工程承包商，并保证资金按计划投入，确保工程按预算、按时完工；项目公司在项目的建设过程中享有自主决策权以及向政府寻求帮助的权利；承担潜在的完工风险。

在项目竣工后：项目公司按照协议书中的要求接受政府对项目的审核评价；进入正式商业运营阶段后，享有项目有关特许经营权，并负责日常维护；在特许期届满时按合同约定进行资本退出，同时将项目设施移交给政府或其指定机构；承担潜在的运营风险。

4. 中信经验

中信唐山世园会PPP项目的成功签约，主要有以下几个经验：

第一，金融机构重视理论研究。中信信托安排专门的研究团队对国家政策进行解读，从理论高度指导业务实践，为该项目提供了智力支持。

第二，地方政府积极主动跟进国家财政投融资体制转型。唐山市政府在推动世园会项目时，根据当地社会、经济、财政、金融实际情况，与各金融机构接触时充分表达采用PPP的政府投融资诉求，并为金融机构提供本地政府政策支持。

第三，良好的风险分担机制。中信信托与唐山市政府的合作基于全生命周期理念，将项目开发、项目建设、项目运营和项目退出等各个阶段的风险分布点列示，明确金融机构和地方政府应该分别承担和共同承担的风险。

我们的观点：地方财政投融资的新机制点评

中国经济发展进入“新常态”以来，为了抵消房地产下滑对经济的拖累，决策层决定扩大基建投资规模。但是，2015年以来，地方政府税收和土地出让收入减少、对地方债务的控制也更加严格，地方政府正面临融资困境。在这一背景下，确保基建投资资金到位对稳定增长至关重要。另一方面，与以往地方政府"投资饥渴症"不同，当前地方政府呈现出投资不积极的态势，以及PPP推广前期签约率低下的问题。在地方政府预算硬化和债务显性化的治理思路下，旧有的地方融资渠道不再畅通，而经济增长乏力亟待政府投资支持，这样呈现在决策层面前的对策具有多样性和阶段性。

治理地方政府债务风险的同时更要缓解地方政府融资危机，在这个地方财政投融资"换挡期"，中央政府采取多种务实的方式化解难题：

第一种方式，放松对地方政府融资平台借款的部分限制，要求银行继续对平台在建项目放贷，允许已到期的平台贷款展期、修订借款合同或进行债务重组。严格执行地方债务管理新框架会显著限制地方政府融资能力，因此决策层采取了一系列折中措施缓和其负面影响，包括要求银行继续对在建城投项目放贷，允许已到期的平台贷款展期、修订借款合同或进行债务重组等。

第二种方式，支持政策性银行发挥更大的作用，政策性银行已经于2015年年初进行了改制，三大政策性银行重新获取主权级信用，更加有利于其在债券资本市场进行融资，继续保持政策性金融债年度融资量高于国债和地方政府债券年度发行量的态势。国务院已公布为三大政策性银行注资的改革方案（目前其总资产达16万亿元），人民银行决定扩大对政策性银行开展PSL（抵押补充贷款）的规模，促使其为基建投资提供更多信贷支持。

第三种方式，允许地方政府债务进行直接定向置换，以缓解短期现金流压力和加快地方政府债券发行步伐。另外，在债券融资到位之前，地方政府可以暂时动用部分财政国库库款用于资金周转，以应对短期内紧急的融资需求。地方政府债务直接定向置换。定向债务置换对国内债券市场和流动性的影响和冲击最小，可以有助于推进新地方政府债券的发行进展。

第四种方式，调整生产关系，推广PPP，引入社会资本参与基建及其他公共物品领域的相关投资，短期内部分替代地方融资平台作为融资渠道，长期内是社会主义制度本质的回归：生产资料社会化大生产与社会产出分配公共占有的实现形式。

在上述操作方式中，第一种方式实际上是默认了存量地方政府债务泡沫的持续，信贷风险依旧存在，依旧是预算软约束的恶果延续，乃权宜之计；第二种方式实际上将地方政府隐性债务转化为中央政府的或有债务，即将政府债务风险负担主体由地方政府提升至中央政府负债层面，并未真正消除债务风险；第三种方式是让地方政府债务显性化，表面上是地方政府对其负债负责，实际上地方政府债券一旦可以抵押至人民银行，即地方政府债券进入中央银行的资产负债表，本质上依旧是地方政府显性债务提升至中央政府层面。第二种解决方案和第三种解决方案均为政府间债务风险的重新分配，并未真正消除政府债务风险。只有第四种解决方案，即彻底剥离政府信用、自负盈亏的PPP，才是彻底治理地方政府债务风险、调整生产关系、进一步解放生产力的制度创新。

第七章

PPP与监管

地方政府投融资PPP中的监管体制研究

监管体制在地方政府投融资PPP中的地位

监管机制在地方政府投融资公私合作中的确居于重要地位。首先，市场机制本身的不足之处以及我国处于转型时期的现实，决定了政府有限介入公私合作进行监管的必要性①；其次，由政府（及其派出机构）和私营资本②组成的PPP项目公司是杂合组织在公共部门的扩展，为保证这类松散的组织架构能正常运行，

① 吴江，王斌，申丽娟.中国新型城镇化进程中的地方政府行为研究.中国行政管理，2009–3.

② 此处主要是指企业，出于行文简洁性考虑，后文二者将不做区分。

必须存在有效的监管机制[①]；最后，PPP的具体融资、运营模式导致其产权性质在西方学术界存在着意识形态争论[②]，我们认为，我国公私合作制实践中须坚持公用设施产权属于各级政府所有的原则，在此前提下，政府向合作方转让经营权、使用权的PPP项目是适宜的，监管体制的存在可以防止公共资产私营化演变为国有资产私有化、滋生寻租与腐败等危险。

1. 保证投融资PPP符合国家经济社会发展战略需要

PPP在我国的推广须符合国家经济社会发展战略需要、利于国家区域发展战略、产业发展政策、总供求政策安排与调整，应从新中国成立以来财政投融资、中央与地方政府数次“集权—分权”实践中汲取教训。若想发挥PPP在融资与管理上的优势，就须遏制我国长期以来特有的“抓死放乱”现象，并将PPP置于有效的新型监管体制之中，原因基于以下两点。

第一，经典的公共管理论指出政策制定与政策执行实际上是两个过程，现实中中央与地方政府决策存在不一致：中央政

---

① 即具有独立法人资格的公私合作制公司，出于简洁性，以下均沿用“PPP项目公司”，杂合组织的概念由威廉森、奥利弗于1996年提出，克洛德·梅纳尔2011年对此有专门论述。

② 具体阐述参见周俊（2010）在行政学领域的介绍，国外经济学领域的文献代表性观点则有斯帕克曼主张的PPP“最主要的驱动力仍然是意识形态和审计”；以及马斯金和梯若尔认为的PPP合约的流行并非其支持者们宣称的各种优点，而是政府为了将债务从其资产负债表中除去，从而尽量避免资金约束的后果。

府推广PPP的核心理念之一是降低财政风险，特别是缓解近几年来积累的地方政府性债务问题，并释放财政资金压力、以继续推进新型城市化进程；地方政府及其领导干部在现有分税制、官员晋升考核体制下，或多或少地患有“投资饥渴症”，加之公共项目的投资决策结果本身存在众多受益主体（无论是经济上，还是政治上），故PPP在地方实践中可能沦为地方政府调整资产负债表的工具或部分官员的政治晋升跳板。因此，我国现阶段推行PPP须防止新一轮地方政府投资过热、重复建设等问题。例如，全国范围内的产业布局与淘汰落后产能、主体功能区生态保护等国家发展战略的实施，难免与地方政府发展当地经济的目标相抵触，这就需要新型监管机制对其进行规划与协调。

第二，只有在监管对代表公众利益的公共产权进行明确界定和保障的情况下，才能确保在政府对社会总供给、总需求进行有效管理的同时，防止出现PPP项目中的国有资产流失、浪费现象。新型监管体制应足以确保保持各级地方政府对基础设施产权的控制力，例如在基础设施投融资方面，政府应坚持规划权、设计权、决策权在PPP联合体中居于主导地位，坚持以公众利益、社会发展为决策核心。

2. 保证公共服务质量，维护公共利益

在我国投融资公私合作中，由于非政府部门的营利性目标或其组织的不健全性，若没有政府主导的监管加以规制，公共利益将难以维护。例如，在公用事业公私合作方面，由于公用事业维护是以基础设施为载体的，并且具有自然垄断的性质，政府主导的规制是必要的，合作方多为直接参与项目日常经营并提供技术与人力的股份制公司、企业。

具体以城市水务的价格监管为例：理论上，若采用边际法则，则会导致产量过低、价格上涨过快、供水质量存在安全隐患、PPP项目公司垄断利润、弱势群体难以得到转移性补贴等诸多问题，这损害了公众利益，偏离了政府本位。在实践中，英国的做法是采用价格上限，美国则使用收益率法则，尽管均不满足效率准则的要求，但是政府监管起到了维护公共利益的作用。在我国城市水务政策实践方面，已经出台了《城市供水特许经营协议示范文本》、《城市污水处理特许经营协议示范文本》等具有指导意义的条例，但在价格调整、风险控制等方面仍存在一些漏洞。

因此在这类公共项目的公私合作实践中，无论在将来的项目中私营资本介入到何种程度（设计、建设、融资、运营或维护），均须有一套健全的监管体系作为后盾，如此才能获得公共项目的产出数量与质量双重保障。

3. 协调各方利益，实现合作共赢

在PPP项目中，PPP项目公司各方既有利益的一致性，又有利益的冲突性。从横向来看，政府作为项目发起人，根据社会发展的需要提出某项公共项目的建设，主要是为了满足社会公众的需要，增进社会福利，为了进行明确的度量，政府会以资金价值[①]评估PPP；企业对公共基础设施进行投资，其主要目的在于获得投资回报或者扩大自身影响，以利润最大化和市场占有率最大化为目标；而社会组织以其社会使命实现为目标。从纵向来看，各级政府本身就具有多元和复杂的目标，拥有广泛的资源及政治权威，且各地各级地方政府也并非同质，这导致了PPP合约执行中的不确定性，以及PPP参与方的利益有受损害的预期，不利于项目整合、推进、运营。

各方的目标不一致并不意味着合作无法进行，因为很多时候参与各方的地位并不一定是平等的，存在目标冲突的某一方在合作中可以扮演关键角色，从而推进组织合作。[②]在PPP实践中，处于强势地位与扮演关键角色的一方是政府，由政府牵头制定责权明晰的监管体制，有利于各方目标函数存在差异的情况下达成共识、形成基于公共目标的伙伴关系，实

---

① 资金价值来源于政府绩效审计的实践，参见刘秋明《国际政府绩效审计研究：一个文献综述》（发表于《审计研究》，2007年第1期）。它可以概括为三点：经济性，尽可能少的占用资源；效率性，即产出相同的情况下，使用的资源（金钱、人员、空间等）更少；有效性，即同样的资源能够做更多的事。

② 汪锦军. 构建公共服务的协同机制：一个界定性框架. 中国行政管理，2012–1.

现合作共赢的局面。

4. 加强PPP风险管理，维护公私双方利益

PPP合约中风险配置模糊，需要监管予以明晰。相当一部分PPP项目的长期性和资本密集性、政府政策的连贯性和规划水准必然影响项目成本，是企业考虑的重要因素。Estache（埃斯塔切）和Serebrisky（谢列布里斯基）强调，坚实的政治承诺对于PPP改革路径的可持续性是重要的，政府政策缺乏连贯性容易导致PPP合约的再谈判或提前终结。[①]我国政府的行政权力拥有权威及强势地位，在法制体系尚不健全的情况下，容易引发非公共部门对长期PPP合约执行前景的担忧，降低企业参与竞标、合作的意愿。Hammami（阿马米）研究发现，需求风险在影响PPP建立的众多因素中最为显著，市场规模较大和用户购买力较强的国家更有利于PPP的建立。[②]在我国新型城镇化战略的时代背景下，吸取他国经验教训，建立责权明晰的监管机制，完善风险治理，规范、约束地方政府行政权力在投融资中的使用，是当前推行PPP的重要环节。

数量与质量在PPP合同管理实践中难以量化，需要监管创

---

① Estache, A., Serebrisky, T., Where Do We Stand on Transport Infrastructure Deregulation And Public - Private Partnership ？. World Bank Policy Research Working Paper, 2004.

② Hammami，M.，Ruhashyankiko，F.，Yehoue，E., Determinants of Public - Private Partnerships in Infrastructure. IMF Working papers，2006.

新。现实中，即使政府制定了规制，在执行中往往面临着信息不对称的挑战。例如，委托—代理理论认为，执行机构实际上掌握了更多信息，若主要依靠非公共机构提供公共项目，将导致公共部门的控制力减弱，这就可能导致对公共利益的侵犯。PPP相对于传统公共项目供给的一个显著特点是以产出控制取代了投入控制，其中对质量的监管尤为重要。Torres（托里斯）和Pina（皮纳）实证指出，PPP的监管成本最高可以占合同总价值的25%，究其原因也正是质量在PPP合约管理中难以量化。基于此，Levin（莱温）和Tadelis（泰迪里斯）[①]强调了在PPP的生产效率优势和质量监控成本劣势之间存在取舍。凯特尔发现在政府购买公共服务中存在突出的“供给方缺陷”和“需求方缺乏”。[②] Levin和Tadelis实证发现，那些较难定义、执行或调整质量标准的服务或者公众对其质量的敏感性较强的项目采取PPP的可能性更小。我国与发达国家相比，基础设施还处于落后水平——数量与质量上都有所欠缺。监管制度的创新方向之一就是探索符合我国国情的公共项目产出质与量的评估。

---

① Levin, J., Tadelis, S. Contracting for Government Services: Theory and Evidence from the U. S. Cities . NBER Working Paper, 2007.

② 参考[美]唐纳德·凯特尔. 权力共享：公共治理与私人市场. 孙迎春译. 北京：北京大学出版社，2009. “供给方缺陷”是指，政府购买的公共项目根本就没有预先存在的市场，市场为一小部分供应商所把持。“需求方缺陷”是指，政府无法准确界定所购买的品质和数量。

地方政府投融资PPP的监管体制的现状问题

据文献记载，早在1908年的清朝政府就有了实际意义上的PPP项目实践。至20世纪80年代初，我国已在市政公用设施的市场化改革和引入公私合作制方面，进行了初步探索。2000年以来，我国各地市政公用事业开始进行真正意义上的大规模市场化改革和公私合作，出现了一批诸如湖北襄荆高速公路、香港地铁、长沙电厂、北京第十水厂、威立雅成都第六水厂、北京地铁4号线、2008年北京奥运会比赛场馆项目等较为成功的案例。然而，PPP在我国仍存在诸多监管漏洞与弊病。

1. 部门间缺乏联动机制，监管政出多门，实际监管效果打折扣。

我国PPP项目多由各级地方政府或者部委发起，财政部门往往没有参与项目决策，加之PPP主要以基础设施项目为导向，或多或少存在各种形式的地方保护主义与本位主义，PPP项目的管理都从本部门管理角度出发。这导致了在我国地方政府投融资PPP的监管实践中，缺乏明确的监管机构与监管主体。例如，财政部门主管资金的划拨与使用的监督，各级发改委承担项目审批职能，各个项目主管部门承担项目论证、规划、申报、招标、运营等职能。环保部门、交通部门、市政市容、科教文卫等，都有权筹划发起本部门的PPP项目，且一旦通过发改委审批立项，合作伙伴的选择、合约的签订与执行就进入了由各个职能部门自由裁量的状态。加之不同政府职能部门追求的公共利益不尽相同，对监管的预期和社会效益评估也是存在差异的，这不利于对PPP合约类型的选择、合约执行情况的评估，使监管退化为某种无效的行政程序。

因此，一旦PPP项目公司提供的公共项目产出数量与质量低于合同要求、无法满足社会需求，或者因经营不善导致企业方无力履行合约，造成的财政资金浪费与社会资源损失最终还是由公共财政承担。

2. 地方政府之间缺乏对财政投融资公私合作监管的明确分工与主导。

在地方政府投融资PPP中，政府既是PPP的决定者，又是PPP的规则制定者，还是实践规则的主导者，各级地方政府之间并没有形成自上而下的监督机制，PPP的企业、社会组织作为参与方也鲜见向组织合作项目的本级政府的上级（政府）进行自下而上的信息反馈。这种一方面地方政府内部监管体系缺失，另一方面外部监督渠道不畅通的局面，对PPP项目中存在的潜在风险、突发责任准确界定与客观分担是非常不利的。现行管理、监督机制，对政府运用PPP实现其降低财政运行风险、高效提供公共项目、树立良好的公信力的目标而言，可能是难以发挥作用的。

针对上述情况，财政部于2014年9月23日出台了《关于推广运用政府和社会资本合作模式有关问题的通知》。

地方政府投融资PPP的监管体制创新研究

地方政府投融资公私合作新型监管体制构建需要依靠政府各个部门的“跨界”整合，以及与非公共部门的协同。

1. 财政与发展改革部门协调，建立PPP项目的宏观控制机制。

在战略协同层面上，财政部门在资金安排上应服从处于主导地位的发展改革部门，财政部门居于辅佐、从属地位。其原因在于，在目标冲突不一致的情况下，参与各方的地位并不是平等的，强势或者最高的一方可以在协同中扮演关键角色。在我国，发展改革部门负责提出国民经济发展计划、经济总量目标、产业结构政策。具体来说，发展改革部门负责安排国家财政性建设资金，引导民间资金用于固定资产投资的方向，安排国家拨款的建设项目和重大建设项目等职能。发展改革部门负责对PPP项目类型进行全国性的时间与空间上的宏观规划，从总量与结构上予以原则性指导；财政部门协助发展改革部门建立PPP项目库，颁布统一的项目评估细则，并推广实行分类管理。

在发展改革部门规划的公私合作项目中，财政资金以何种形式参与很少有明确指定，因此，同样是一笔财政性建设拨款，不同的支出模式会导致不同的社会效益、经济收益，这就需要财政部门进行科学安排。总之，发展改革部门负责总量与结构规划，不直接参与具体PPP项目的运作；财政部门对发展改革部门的规划进行分类、界定，使之具有可操作性，提高财政资金的使用效益。

2. 财政与职能部门明确分工，共同完成监管任务。

在操作协同层面上，按照现有政府架构，财政与职能部门的行政地位平等，但我们主张，在明确分工的前提下，我国的PPP实践以财政部门为主导部门，与各职能部门共同完成监管任务。在当前地方政府投融资PPP的监管实践中，PPP项目公司中的政府方代表是各个主管的职能部门，并非发展改革部门或者财政部门。例如，在水利PPP项目公司中，地方政府水利局是PPP联合体中的政府代表。一项水利工程PPP项目的前期规划、可行性、社会效益与经济效益评估，基本都是由地方水利部门自身完成的，并代表政府主导运营。职能部门拥有财政部门不具备的本领域技术储备，牵头发起和运营项目是合理的。但如果工程建设质量出现问题造成损失，运营不善导致亏损，都可能导致财政兜底的不利局面出现。由于财政部门仅负责管理PPP项目中的财政资金投放，并不深度参与公共项目的决策、招标等环节，在各种利益与目标函数中的立场是相对独立的，由财政部门承担PPP项目的主要监督者角色，是必要且合理的。具体做法是，财政部门应独立核算工程造价、运营成本、补贴金额，并向PPP项目公司派驻稽查员，或者联同国家审计署对各种类别、规模的PPP项目公司财务状况进行抽查，以确保财政资金的高效使用。

在具体实践中，若PPP项目公司出现财政资金使用不当的情况，财政部门有权下令其整改，通报其主管职能部门，列入经理人的年度人事考核。对PPP项目公司中职能部门违规的，上报其上级主管部门和本级政府，并计入其个人的从政履历，形成对主管部门负责人的政治问责压力，以约束官员非理性投资行为；对PPP项目公司中企业、个人违规的，列入观察名单，并将其在全国财政系统中信息共享，对于那些在各地屡次违规的企业、个人，可以建立黑名单，将其暂时或永久地从该领域除名，形成有效、可信的惩罚机制。PPP项目中的其他政府职能部门，主要提供本领域专业技能，负责监督合作方在提供产品、服务的数量和质量上是否达到PPP合约所要求的水准，保护公共利益免受侵害。

3. 明确划分各级地方政府PPP项目管理权限。

在当前的法律环境下，中央政府并不直接参与具体PPP项目，那么地方政府（省、市、县、乡）是PPP项目的发起方。根据风险匹配原则，谁拥有项目主导权，谁就是风险的主要承担方，谁就应该承担起项目的监督权。因此，从理论上看，财政部门代表本级政府对本级政府发起的PPP项目实行管理。然而，从我国干部人事管理制度可以看出，地方财政部门的领导干部是地方党委、政府任命的，若要将监管本级政府投融资决策的职能赋予本级财政部门，其约束力值得怀疑。

因此，应划清地方政府管理权限、财政部扩大监管职能，对基础设施投资、公用事业经营、公共服务购买进行分类、分级别管理。第一，原则上建立上级财政部门监督下级政府机制，即财政部会同相关部委直接监督各省级政府发起的PPP项目，各省财政厅会同相关部门对省内各地级市发起的PPP项目进行监督，以此类推。第二，将重大基础设施投资项目的监管职责划归中央政府，纳入财政部备案，提升稽查力度，对如城市轨道交通、城市地下管网铺设等PPP项目在招投标、运营、维护、资产转移阶段由财政部指定国家审计署、主管部委或者第三方评估机构进行监管。第三，将地（市）级政府的公用事业PPP项目监管权划归省级政府，由财政厅主导监督权，对经营绩效较差、社会效益偏低、群众反映负面的PPP项目公司定期予以通报、责令整改并处以取消补贴或行政罚款等处罚。第四，将县级政府的公共服务购买PPP项目监管权上移至地（市）级政府，财政局主导监督，并连同项目发起职能部门定期进行项目评估，将评估结果递交当地人大，借助媒体向民众公布，接受社会各方面的监督。第五，鉴于我国普遍存在的乡一级政府财政困难问题，原则上不支持该级地方政府开展PPP融资。

4. 政府部门与中介组织的关系。

一方面，PPP项目公司的建立往往是以招投标（定向或非定向）来确定其可能的合作者。潜在供应商数量越多，招投标的竞争性与透明度就越高。地方政府（特别是地市、区县）掌握的信息是相对有限的，而且信息会随着政府层级的降低递减，导致基层地方政府往往处于信息劣势，并很有可能在PPP协议谈判中处于弱势地位。这就需要专业的中介组织将其投融资需求与相匹配的潜在私营部门相联系。另一方面，中介组织牵线搭桥的收益是抽取佣金，因此会有很强的意愿促进PPP合约的达成，哪怕有些非公部门实际上并没有能力承担该公共项目。进一步而言，PPP项目中涉及大量长期合约，招标与合约谈判中很难预计合约执行中会出现哪些意外，并且无法解决中介组织与私营部门通过合约的文字游戏拿下项目，或是利用长期合同的复杂性与不完全性合谋隐瞒、欺骗政府部门等问题。合同的不安全导致策略性竞标行为会显著提升政府的后期支出、提高实际成本，其中后期的协调成本可能大于私人信息及市场机制。

鉴于财政在政府内部整合中承上启下的地位，应该由财政部门代表政府与非政府部门中的中介组织进行协同，为PPP项目提供监督服务。在监管体制创新中，财政部门可以采取对中介机构的资质进行备案、审核、评级，并将意见上报至地方政府与财政部的方法，构建一座全国范围内的中介机构诚信动态数据库，为每一级地方政府与中介机构合作提供参考依据。财政部门的主导地位既能最大限度地避免基层政府在与中介机构谈判中处于信息劣势与弱势地位的局面，又无形中对中介机构的经营产生了约束力。财政部门的监督可以让那些信誉良好的中介组织获取更好的经营业绩和社会口碑，并淘汰扰乱市场秩序的中介机构。

我们的观点：政策建议

PPP的核心价值在于公共利益最大化，这就需要由具有中长期规划职能的各级发改委进行宏观上的立项规划，对于地方政府追求政绩或短期利益而申报的产能落后、重复建设项目予以否决，对促进政府职能转变的项目，新技术、新能源项目给予立项扶持，在PPP新型监管体制中应处于统筹地位。当前推进PPP的主要动机是缓解地方政府债务过度膨胀的压力与优化财政资金使用效率，作为政府出资方主要代表的财政部门，具有财政资金监管职能，即上一级地方政府财政部门对下一级地方政府开展的PPP项目应拥有一票复决权，以增强实际监管能力，据此切实贯彻《预算法》、推进现代财政管理制度进程，其在PPP新型监管体制中应处于主导地位。其他政府职能部门拥有所在领域的专业能力，可以对合作方的资质、技术进行甄别，但也可能被本级地方政府不正确的政绩观影响，故为了限制这一潜在缺陷，在PPP新型监管体制中应被安排在从属地位。

PPP项目建设运营的财政监管政策研究

在PPP项目的建设运营过程中，政府主管部门需要负责全生命周期的监管，而财政部门由于其在PPP管理中的特殊地位，其监督管理对PPP项目建设运营能否达到预期目的具有十分重要的意义。

PPP项目建设运营中政府财政的基本职责

在现代市场经济条件下，政府财政的任务就是克服市场失灵，为经济社会发展提供公共物品服务，在财力上保证政府履行公共管理职能的实现。而PPP项目的建设和运营，是政府与私营部门合作，提供公共物品服务的重要方式之一。根据公共物品理论及PPP项目建设运营的国内外实践经验，PPP项目建设运营中政府财政的基本职责主要包括以下几个方面。

第一，为PPP项目提供必要的资本金。从各国PPP项目实践来看，PPP有多种形式，但对于狭义的PPP类PPP项目，政府财政部门承担按约定合同足额支付资本金的职责，保证项目公司资本金足额到位，以开展项目建设和运营，为社会提供急需的公共服务。

第二，按合同规定及时足额支付财政补贴或项目运营经费。一般而言，PPP项目存在公共性，为了使投资者得到合理回报，在政府价格管制的情况下，财政部门需要给项目公司一定的财政补贴或项目运营经费。从项目公司的收益来看，主要包括消费者付费模式和政府付费模式。在消费者付费模式中，如果价格受到政府管制，或者污水处理量等业务达不到合同规定要求，就需要财政部门向项目公司支付财政补贴，以保证项目公司的正常运营和投资者的合理回报；在政府付费模式下，项目公司按合同规定提供了一定数量和质量的公共服务后，政府财政部门就要按合同支付项目公司运营费用。至于财政补贴和运营费用的标准和数额，主要通过招投标方式确定，并成为项目合同的重要内容。

第三，回购重要的PPP项目。在PPP项目建设和运营过程中，有些项目因为国家政策、项目公司经营管理不善等原因，难以按合同继续经营，但是，如果这些项目是关系国计民生的重要项目，如自来水公司、污水处理厂、桥梁隧道等，不能停止服务，那么就需要政府回购项目，承担回购职责。在PPP项目回购的过程中，政府财政部门在保证公共服务正常提供的前提下，应尽可能减少财政损失。

第四，为PPP项目建设和运营提供税收减免等优惠政策。由于PPP项目的公益性，政府财政部门可根据实际情况给项目公司一定的税收优惠。主要包括：在一定时期内对项目公司营业收入减征或免征营业税、增值税；在一定时期内对项目的生产经营所得减征或免征营业税；对项目公司减免城镇土地使用税。此外还包含一些特定行业的税收优惠政策，如资源综合利用、高新技术产业等。通过税收优惠政策，增加项目公司收益，使投资者得到合理回报，促进PPP项目的正常运营，为社会提供优质公共服务。

第五，在PPP项目的全生命周期控制政府财政风险。在PPP项目建设运营过程中，政府财政部门和私营投资者之间需要坚持风险共担、利益共享的原则。财政部门作为出资人和财政补贴、项目运营费用等的提供者，需要在PPP项目全生命周期的各个环节，有效控制财政风险。在项目甄别和可行性论证阶段，按照物有所值的原则，将不适用于PPP的项目排除在外，阻止财政投资损失；在项目采购阶段，选择有实力的私营投资者，制定完善的项目合同，尽可能避免项目建设运营半途而废，给政府财政造成损失；在项目建设阶段，将风险尽可能转移给私营投资者；在项目运营阶段，及时监控项目公司运行及财务状况，保证财政权益，必要时可终止合同或重新谈判；在项目终结阶段，按合同规定做好善后工作，防范财政损失。

现行政策中的相关规定及不足

目前，财政部已经发布了《政府和社会资本合作模式操作指南（试行）》、《关于规范政府和社会资本合作合同管理工作的通知》（财金［2014］156号）、《关于推广运用政府和社会资本合作模式有关问题的通知》、《政府和社会资本合作项目财政承受能力论证指引》等制度，对PPP项目财政监管做了基本规范，主要体现在以下几方面。

1. 在项目识别阶段，财政部门（政府和社会资本合作中心）应负责向交通、住建、环保、能源、教育、医疗、体育健身和文化设施等行业主管部门征集潜在PPP项目。财政部门（政府和社会资本合作中心）会同行业主管部门，对潜在PPP项目进行评估筛选，确定备选项目。财政部门（政府和社会资本合作中心）应根据筛选结果制订项目年度和中期开发计划，对财政预算编制、执行情况实施监督管理。

2. 在项目准备阶段，财政部门（政府和社会资本合作中心）应对项目实施方案进行价值和财政承受能力验证，通过验证的，由项目实施机构报政府审核；未通过验证的，可在实施方案调整后重新验证；经重新验证仍不能通过的；不再采用PPP。

3. 在项目采购阶段，各级人民政府财政部门应当加强对PPP项目采购活动的监督检查，及时处理采购活动中的违法违规行为。在PPP项目正式签订合同时，财政部门（政府和社会资本合作中心）应当对合同进行审核，确保合同内容与财政承受能力论证保持一致，防止因合同内容调整导致财政支出责任出现重大变化。财政部门要严格按照合同执行，及时办理支付手续，切实维护地方政府信用，保障公共服务有效供给。

4. 在项目执行阶段，项目实施机构应根据项目合同约定，监督社会资本或项目公司履行合同义务，定期监测项目产出绩效指标，编制季报和年报，并报财政部门（政府和社会资本合作中心）备案。项目合同中所涉及的政府支付义务，财政部门应结合中长期财政规划统筹考虑，纳入同级政府预算，按照预算管理相关规定执行。财政部门（政府和社会资本合作中心）和项目实施机构应建立PPP项目政府支付台账，严格控制政府财政风险。在政府综合财务报告制度建立后，PPP项目中的政府支付义务应纳入政府综合财务报告。

政府有支付义务的，项目实施机构应根据项目合同约定的产出说明，按照实际绩效直接或通知财政部门向社会资本或项目公司及时足额支付。设置超额收益分享机制的，社会资本或项目公司应根据项目合同约定向政府及时足额支付其应享有的超额收益。

项目实际绩效优于约定标准的，项目实施机构应执行项目合同约定的奖励条款，并可将其作为项目期满合同能否展期的依据；未达到约定标准的，项目实施机构应执行项目合同约定的惩处条款或救济措施。

项目实施机构应每3~5年对项目进行中期评估，重点分析项目运行状况和项目合同的合规性、适应性和合理性；及时评估已发现问题的风险，制订应对措施，并报财政部门（政府和社会资本合作中心）备案。

政府应公开不涉及国家秘密、商业秘密的PPP项目合同条款、绩效监测报告、中期评估报告和项目重大变更或终止情况等。

5. 在项目移交阶段，项目移交时，项目实施机构或政府指定的其他机构代表政府收回项目合同约定的项目资产。项目移交完成后，财政部门（政府和社会资本合作中心）应组织有关部门对项目产出、成本效益、监管成效、可持续性、PPP应用等进行绩效评价，并按相关规定公开评价结果。评价结果为政府开展PPP管理工作提供决策参考依据。

从上述规定可以看出，财政部门在PPP项目建设运营的主要环节都设置了监管机制，但根据我国经济社会发展的实际情况，以及其他国家的经验分析，还存在一定的不足：第一，财政监管和其他部门的协调。我国政府投资的审批权限由发改委掌握，且国家发改委也公布了PPP的政策指南及合同范本，这样就存在部门之间如何协调的问题。第二，需要细化和明确财政监管的工作程序。第三，财政监管机构和人员的问题。财政监管需要专门的机构和人员，目前财政部和各地区政府和社会资本合作中心的状况难以满足需要，政府有关业务主管部门目前基本没有政府和社会资本合作中心等机构的设置。第四，财政监管的技术标准不够完善。目前，财政部在上述规定中建立了一些监管技术规范，有些还不够具体，需要进一步完善。

我们的观点：完善PPP项目财政监管政策的选择

如前所述，目前财政部陆续发布了一系列PPP政策指南和制度规范，为财政监管提供了依据和保障，但仍处于政策、制度初创阶段，存在诸多不完善之处，需要在今后的实践中进一步改革和发展，促进我国PPP项目建设和运营健康发展，为企业和城乡居民生产提供优质公共服务。

1. 进一步明确财政部门和其他宏观经济管理部门、业务主管部门的监管职责分工。财政部门重点对PPP项目的政府投资、运营补贴、项目公司运营绩效，以及PPP项目潜在的财政风险等事项进行重点监管。而各业务主管部门主要从行业管理、公共服务质量技术规范等方面进行监管。

2. 完善财政监管的技术标准体系，为财政监管提供精确依据，提高监管效果。PPP项目建设和运营涉及诸多利益主体，经营期限长，情况复杂，建设经营风险较大，需要在PPP建设的各个环节、各个方面，诸如项目识别准备、项目采购、项目执行、项目终结等，都能建立科学、精确、可行的技术标准，以加强项目监督管理，实现预期建设经营目标，维护公私双方权益。

3. 建立科学、规范、高效的监管业务流程，提高监管效率。在利益主体众多、关系复杂、建设经营期限长、风险大的情况下，通过建立科学、规范、高效的监管业务流程，减少不必要的监管环节，努力降低监管成本，减轻对项目公司正常工作的干扰，提高监管效率，促进PPP项目发展。

4. 加强财政监管机构和监管队伍建设，构建财政监管的根本保证。在PPP项目建设运营的全生命周期内、需要有专业监管人员对其建设运营情况进行长期跟踪、监管，才能达到专业监管效果。国际上很多国家PPP项目监管人员一般都是专业人员，且相对稳定，以保证对PPP项目监管的精确性、高效率。目前我国财政等部门公务人员相对宽松，在不新增人员、编制的情况下，通过政府部门内部结构调整，完全可以满足加强财政监管机构和监管队伍建设的需要，建设一支专业素质高、团结、务实、高效的财政监管队伍，适应国家PPP项目建设和运营的需要。

5. 进一步提高PPP项目财政监管的规范化、制度化和法制化程度。如前所示，目前财政监管的依据都是财政部门所制定的部门规章，其稳定性、规范性、权威性不足，需要在PPP项目监管实践中逐步规范、完善，将现有的部门规章上升为国务院法规和国家正式法律制度，在更高层次上开展PPP项目财政监管，推动PPP项目发展，满足国家经济社会运行对公共服务的需要。

后 记

2015年是我们国家PPP事业大繁荣的一年，如果说之前人们对PPP的认识还很迷茫，甚至很陌生的话，那么在这一年中，PPP已经成为地方政府融资的一个支点，一种常态。在新型城镇化推进过程中，我国民众对公共物品存在着持续稳定的巨大需求，PPP就是满足这种需求的一种方式，它的一个重要特征就是在政府和社会资本之间建立起风险共担和利益共享机制，而这对整个经济社会发展和贯彻国家战略的意义非常明显。

从实践角度来说，我们在总结国内近几十年类PPP项目时发现中信集团是最早的参与者，实际操作了北京2008年奥运会著名场馆鸟巢、上海连接浦东与浦西的三座桥梁和两条隧道。北京鸟巢和上海“三桥两隧道”是国内一南一北两个具有PPP明显特征的重要案例。所以在实践上，中信集团是走在前面的。其子公司——中国国际经济咨询有限公司作为国内老牌的咨询机构也没有错过2015年发展期，在中信信托陈一松董事长的关键性引见和着力推动下，在这个重要年头投入了大量精力和人力物力，成立了专门的团队，参与了国内几十个项目，组织了几十场培训。

从理论角度来说，我们认为不能把PPP简单理解为一种与之前不同的融资模式和偿贷手段，而应该将其视为一种从项目融资到全面管理再到综合治理的模式。它在中国的经济转型过程中，形成了一个制度创新的逻辑链接。本书用浅显易懂的语言，以公共物品理论、公共组织理论为分析工具，结合国内外众多PPP案例，向读者呈现了政府与社会资本合作形态、政府投融资体制改革路径、我国特有的制度背景下PPP的发展方向等问题，并结合三性耦合理论，将这种生产关系创新置于中国特色社会主义经济中，探索改革路径，为新时代转型建言。

本书4位作者在PPP理论提炼、实际操作、契约精神和归纳提升等方面分别做出了自己的贡献。除此之外还要感谢其他同人：中央财经大学财政学专家温来成教授专门为本书撰写了一章，中国国际经济咨询有限公司博士后工作站的周勤、杨平、于佳、戴建华、刘鹏程、吴旭诸位博士后分别提供了不同的案例，中信信托王道远副总经理、周萍和其他博士也都给我们提出过不错的建议，所以说这是继2014年出版的《论信托》之后，我们这个博士后工作站的又一部集体之作。

最后，感谢蒋永军社长和朱丽君编辑的辛苦工作，使此书得以如期出版。